7日間で突然頭がよくなる本

小川仁志

PHP文庫

○本表紙図柄＝ロゼッタ・ストーン（大英博物館蔵）
○本表紙デザイン＋紋章＝上田晃郷

はじめに　文庫版の刊行に寄せて

拙著『7日間で突然頭がよくなる本』の刊行から早数年がたとうとしていますが、幸いこの本は多くの方から好評を得ることができ、図解版に続き文庫版が出ることになりました。この間、私が一貫して訴えているのは、物事の本質をつかむことができれば、それは頭がいいということにほかならないという点です。そしてそれは、哲学の得意とするところだという点です。

七日間でＩＱを劇的に上げるのは難しくても、これならできるはずです。実際、読者の方たちからも様々な驚きの声をいただいています。図解版でも紹介しましたが、たとえば、建築を学ぶある学生が、図書館の設計をする際、本のとおり実践してみたというのです。あるいは、大手食品メーカーに勤めるビジネスマンが、顧客の前で本の内容に則してコンセプトを説明し、プレゼンで拍手喝采を得たというのです。

おそらく読者の皆さんは、こうして新たな思考のノウハウを獲得し、それまでとは違った知的生産を行われているのではないかと思います。常々強調しているのですが、哲学はあくまで思考のツールであって、「使うための学問」です。ところが、難解な表現もあって、多くの人たちはこれを「使えない学問」だと思い込んでしまっています。そんな状況を変えるために、私は『7日間で突然頭がよくなる本』を書いたのです。

今回は文庫版ということですので、より手軽に読んでいただけるのではないかと思っています。通勤や隙間時間に少しずつ読み進めるというふうに。通勤しながら七日間で頭がよくなれば、儲《もう》けものだと思いませんか？

さらにこの文庫版には、「頭がよくなる」という視点で哲学の名言を解説した特別講義がついています。ぜひそんな文庫版だけの特典も味わっていただけると幸いです。それでは早速始めましょう！

小川仁志

まえがき　頭がよくないと生き残れない時代

この本は頭がよくなるための本であり、そのノウハウが書かれているわけですが、そもそも著者である私自身が、そんなことを書く資格があるのかどうかを明らかにしておきたいと思います。

実は私はあまり頭がよくありませんでした。成績が悪いわけではありませんでしたが、少なくともすごい人ではなかったのです。「京都大学出身だからもともと頭がいいんでしょ」とよくいわれますが、私が合格できたのは、その年だけ二次試験の数学がなかったからです。その代わり小論文があったのです。文章を書くのだけは昔から得意だったので、それで合格したようなものです。京大合格は、私の人生で起こった唯一の奇跡といえます。

私がすごい人間でないことは、就職してからも明らかになっていきます。威勢のよさだけで採用してもらった伊藤忠商事でも落ちこぼれます。その後フリーターとして四年半を過ごすわけですが、一応京大法学部出身だからと司法試験を受けても、箸《はし》にも棒にもかかりませんでした。その後三十歳になってなんとか名古屋市役所に拾ってもらうのですが、そこでも落ちこぼれです。

では、そんな私がいったいどうして哲学者などと名乗り、偉そうにテレビや新聞で発言し、高専や大学で教え、何十冊もの本を出しているのか。**それはある魔法を身につけたからです。**その魔法が、私に特殊な能力を与えてくれました。そう、もうおわかりですね。**「哲学」**です。

つまり、哲学との出会いが、私を「頭がよい人間」に生まれ変わらせてくれたのです。先ほど京大合格が唯一の奇跡だったと書きました。その後私は博士号を取得し、こうして何十冊もの本を書いて活躍している。これは奇跡などではありません。魔法による当然の結果なのです。**本書では、私を「頭がよい人間」に変えてくれたその魔法を、悩める皆さんに伝授しようと思うのです。**

失われた二十年、少子高齢社会、国民不在の政治、閉塞感……。いまの時代を象徴する言葉は、いずれも生きることの困難さを表すものといえます。つまり、いまの時代は、普通に生きていくだけではもはや生き残れない状況にあるのです。生き残るためには、知恵が求められます。そう、頭がよくないとダメなのです。**いつの時代も、頭がよい人間だけが得をしてきました。**豊かな時代、うまくいっている時代はそれでもよかったのです。頭がよくなくても、サボっていても、それなりに生きていけたからです。しかし、厳しい時代には無理です。だからいまものすごい勉強ブームが起こっています。思考法の本が流行《はや》ったり、哲学本までが売れたり……。

哲学本が売れたのにはそれなりに理由があります。それは哲学という学問が、賢さの象徴になっているからです。哲学イコール難解というイメージがあると思いますが、その難解なものをやっている人は頭がよいに違いないというわけです。それで頭がよくなるだろうと思って、哲学本に手を出す人が増えているのです。

ここで、「頭がよい」ということの意味について少し説明しておきましょう。**私のいう「頭がよい」とは、物事の本質をつかめる人のことです。**会議でも授業でも、いったいいま何が問題になっているのか、何の議論をしているのか、それがきちんとわかることが、本質をつかむということです。

人の話を理解するときもそうです。**相手の言葉の意味をしっかりとつかんで、応答する。それができる人を、私たちは「頭がよい人」と呼ぶのです。**皆が首をかしげているとき、「つまり、こういうことでしょ」といって、さらっとわかりやすく説明してくれる人がいたとしましょう。そんなとき、周囲の人たちはどう思うか。「あいつ、頭がよいな」と思うのではないでしょうか。この場合、その説明してくれた人は、物事の本質をきちんとつかんでいるわけです。だから、わかりやすく説明できたのです。

したがって、「頭がよい＝物事の本質をつかめる」だと思っていいでしょう。

そして哲学は、こうした意味での賢さを私たちに提供してくれる学問なのです。これこそ私が、哲学を使って頭がよくなることを勧める理由です。

しかし問題は、哲学本を読んだだけでは、すぐに頭がよくなることはないという点です。もちろん、読み続ければ、そしてそこに書いてあることの意味を考え続ければ、だんだん頭がよくなっていくでしょう。

でも、それでは少なくとも数年かかります。哲学というのはビジネススキルとは異なります。あくまで地頭《じあたま》を鍛えるためのものなのです。地頭はそんなに急によくなるものではありません。それは皆さんも薄々気づいておられることと思います。IQが七日間で急激にアップした人の話を聞いたことがありますか？

一つだけ地頭を急激に、そう七日間で頭をよくする方法があるのです。それは哲学のもっとも基本的なパワーである「物事の本質をつかむ」という方法をマスターすることです。これならたった七日間でできて、しかも小手先のテクニックや、すぐ忘れる暗記ものの知識ではなく、地頭、つまり本当に考える力を身につけることができるのです。

具体的にこの本で目指すのは、物事の本質をつかみ、それを言葉で表現することです。

哲学というのは、とかく難解な表現で書かれています。例えば、私が大学院で勉強し、博士論文を書いたヘーゲルの『法の哲学』では、国家の本質について次のように書かれていました。「国家は具体的自由の現実性」だと……。最初は正直にいって、どういう意味かわかりませんでした。勉強していくうちに、「国家は国民一人ひとりの具体的な自由を実現した状態である」という意味だとわかったのです。それならそう書いてくれればいいのに……と思いましたが、これが哲学なのです。難解な、しかし印象に残る物事の本質を凝縮した言葉を、じっくりと解釈していく営みなのです。

そこで本書では、その反対をやりたいと思っています。普通の身の回りの物事について、哲学することで本質をつかみ、最後はそれをあたかも哲学者のように表現してみるのです。その意味で、まさにこの本は、七日間であなたを哲学者のように頭のよい人間にすることを目的としているといえます。それが誇大広告であるか否か、ぜひ皆さん自身の目で確かめていただきたいと思います。

本書の構成

ここで七日間の概要を図説しておきます。

7日間のフローチャート

1日目 社会のことを知る

↓

2日目 哲学の知識を身につける

↓

3日目 哲学の論理パターンを使いこなす

↓

4日目 物の見方を変える

↓

5日目 言葉の意味を膨らませる

↓

6日目 言葉を論理的に整理する

↓

7日目 一言でキャッチーに表現する

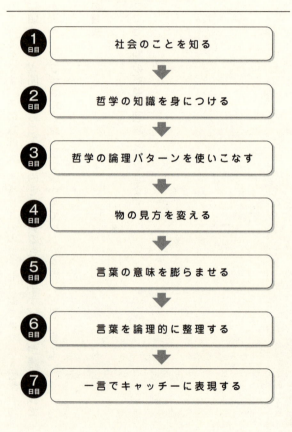

1日目：社会のことを知らないと物事の本質は見えない

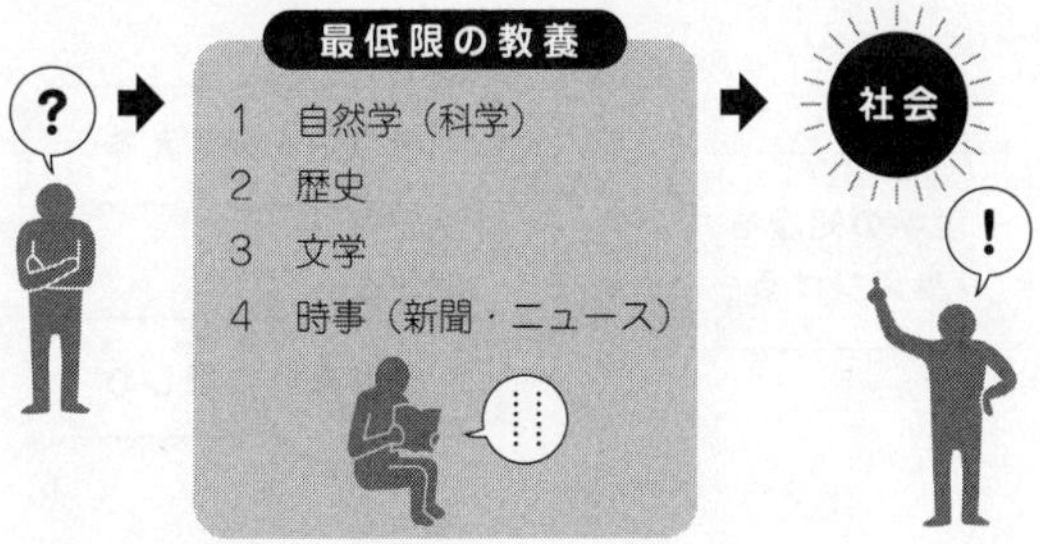

右のフローチャートをご覧ください。これが本書で示す七日間のトレーニングのプロセスです。この七日間でいったい何をしようというのか、ごく簡単に説明しておきましょう。

まず一日目ですが、「社会のことを知る」とあるように、文字通り社会のことを知る意義、社会のことを知るための方法をご紹介します。物事の本質をつかむためには、世の中のことがわかっていることが大前提だからです。このことについては、後で詳しくお話しします。

2日目：賢くなるためのボキャブラリーを増やそう！

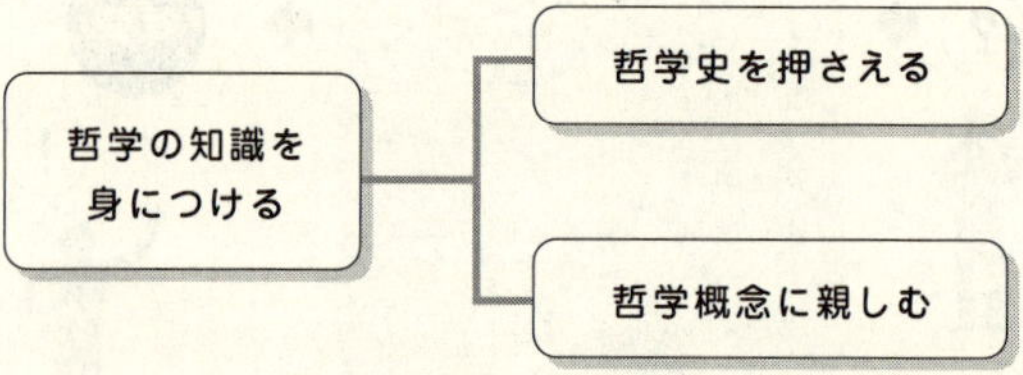

二日目は、「哲学の知識を身につける」です。ここで「げっ！」と思われた方もいるかもしれません。哲学の知識は難しいと思われているからです。しかし、私は哲学知識を簡単に説明する達人です。それはすでに出版した数十冊の本の存在が物語っています。ですから、ご安心ください。

それよりも、なぜ哲学の知識を身につけておかなければならないのかという点が重要です。これはいってみればリテラシーのようなものです。何をするにも最低限のリテラシーがないと太刀打ちできません。文字を知らなければ本が読めな

3日目：賢くなるための論理パターンベスト10

① **カテゴリー**：種類ごとにグループで分ける
② **主観と客観**：主体と客体で区分する
③ **時間と空間**：時間軸と空間軸に位置づける
④ **イデア**：物事の正体を見抜く
⑤ **運動として捉える**：動いている途中として見る
⑥ **弁証法**：マイナス要素をプラスに転じる
⑦ **差異として捉える（否定弁証法）**：差異を重視する
⑧ **構造主義**：構造の中で捉える
⑨ **因果関係**：原因と結果の関係として見る
⑩ **人間にとっての意味**：人間の存在を前提に考える

← 使いこなす

い、パソコンの使い方がわからなければ、インターネットも操作できない。それがリテラシーです。

その意味で、哲学をするにあたって、最低限の哲学知識は不可欠なのです。どうぞご理解いただければと思います。

さて三日目ですが、ここでは「哲学の論理パターンを使いこなす」という訓練をしていただきます。二日目に紹介した最低限必要と思われる哲学知識の中から、さらに一〇個を厳選し、詳しく解説しています。というのも、この一〇個に

4日目：まずは100通りの物の見方で頭をほぐそう

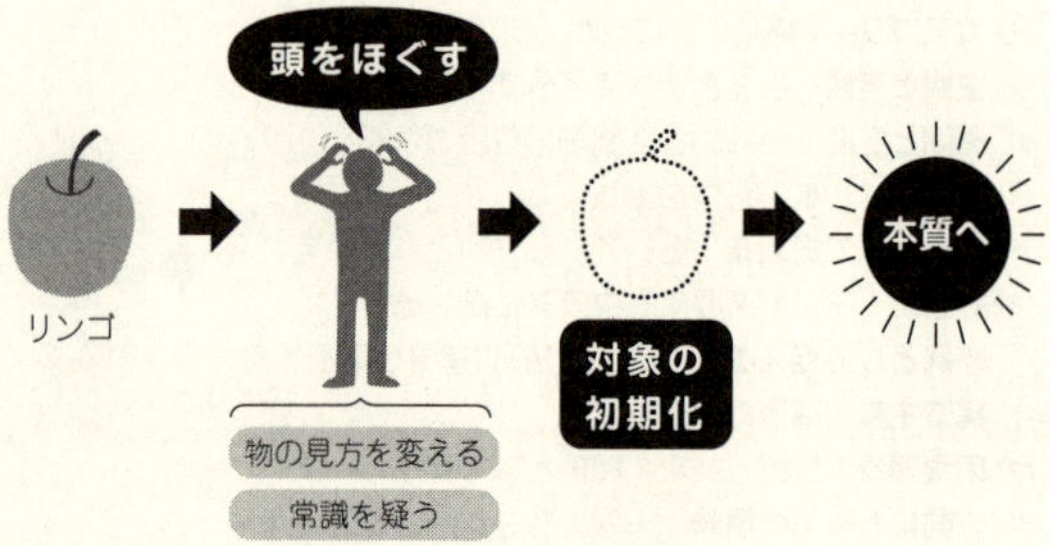

ついては、単に知っているという域を超えて、使える道具として身につける必要があるからです。

四日目は、「物の見方を変える」です。物事の本質を捉えるためには、様々な物の見方ができる必要があります。物事を一面的にしか捉えられない、あるいは常識にとらわれた見方しかできないようでは本質をつかむことはできません。そこで頭をやわらかくする訓練をしようというわけです。

5日目：言葉の家族、仲間、敵を探そう

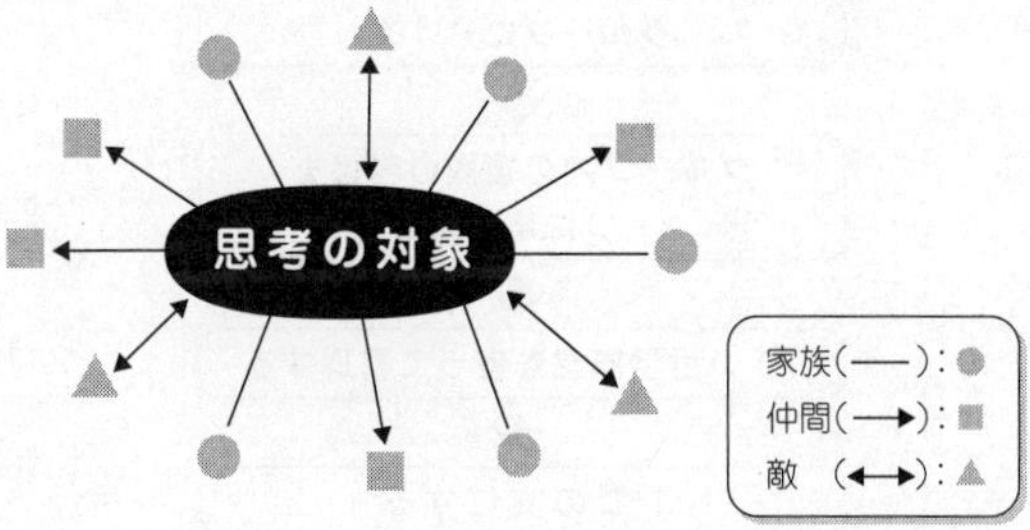

五日目は、「言葉の意味を膨らませる」という訓練です。対象となっている物事の本質をつかむためには、その言葉の内容を豊かにする必要があります。そのようにイメージを膨らませることによって、いろいろな姿が見えてくるのです。具体的には連想ゲームのようなことをやります。ここで、四日目にやった頭をやわらかくする訓練が生きてくることはいうまでもありません。

6日目：論理的に話せない人へのとっておきのアドバイス

グループに分ける
↓
グループ内の複数の言葉を
1つにまとめる
↓
10の哲学概念を使って整理する
↓
1つの文にする

六日目は、「言葉を論理的に整理する」という訓練です。イメージを膨らませて、様々な言葉を関連させた対象を、今度は整理して再構成していく必要があります。その際、三日目に身につけた一〇個の哲学概念を役立てます。そして最後は一文にまとめるのです。

七日目は、「一言でキャッチーに表現する」という訓練です。つまり、六日目にまとめた一文を、さらに効果的な表現に磨き上げるわけです。そうすることで、本質がより際立ち、哲学らしくなり

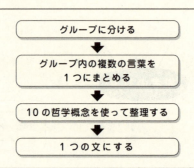

7日目：一言でキャッチーに表現するためのコツ

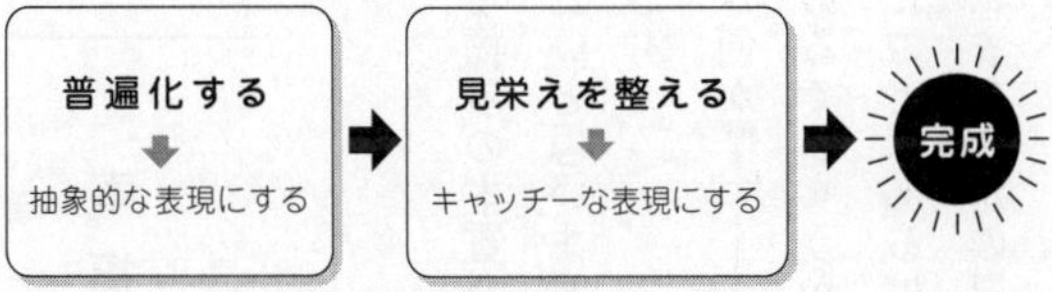

ます。別の言い方をすると、賢さが際立つわけです。

以上が七日間のプロセスです。具体的な説明は、各章の中でじっくりと例を挙げつつお話ししていきたいと思います。ここでは全体の流れをざっとつかんでいただいて、これから立ち向かう七日間の旅路に思いを馳せていただければ充分です。

例題

幸福とは何か？

これから物事の本質をつかむ訓練をする前に、まず皆さんに例題を出しておきたいと思います。具体的な問いがあったほうがわかりやすいと思うからです。

「幸福とは何か？」——この問いについて、皆さんはどこまで深く考えたことがあるでしょうか？　そんなことを急に聞かれても困るという人や、考えたことはあるけれど答えが出ていないという人は、ぜひこの機会に本質にまでさかのぼって考えてみましょう。

幸福の本質をどうつかむかという問いを通じて、七日間のステップを説明していきますね。ちなみに現時点での皆さんの答えをここに書いてみてください。それが最終的にどうなるのか——後で自分の答えを振り返ってみると、本質を考えるということの意味がより明確になると思います。

実は哲学の問いはおなじみのものばかりです。「自由とは何か？」「愛とは何か？」「幸福とは何か？」というふうに。だから誰でも一応答えは出るのです。でも、その答えは単なる意見、あるいは印象にすぎません。ところが、物事の本質は、そのような単なる意見や印象とはまったく異なるものなのです。

私たちはその点に注意しなければなりません。哲学的に考えることによってはじめて本質は浮かび上がってくるのです。私たちがこれから行おうとしていることは、そのための訓練です。さあ、それでは思い切って答えを書いてください！

現時点でのあなたの答え‥

7日間で突然頭がよくなる本　目次

はじめに　文庫版の刊行に寄せて……003
まえがき　頭がよくないと生き残れない時代……005

1日目　社会のことを知らないと物事の本質は見えない

社会のことを知らなければならないワケ……032
社会を知る方法……035
知識を詰め込もうとしてはいけない……037
教養を深めると自由な思考が手に入る……039
知識があると概念が膨らむ……042

2日目　頭がよくなるためのボキャブラリーを増やそう！

なぜ哲学の知識なのか 046
哲学史の学び方〜五分でわかる哲学史〜 049
哲学概念の学び方 057
必須の一〇個 058
プラスアルファの二〇個 068

3日目

頭がよくなるための論理パターンベスト10

物事の本質をつかむカギ 086
①カテゴリー：種類ごとに階層的グループに分ける 086
②主観と客観：主体と客体で区分する 089
③時間と空間：時間軸と空間軸に位置づける 095
④イデア：物事の正体を見抜く 105
⑤運動として捉える：動いている途中として見る 108

⑥弁証法：マイナス要素をプラスに転じる……111
⑦差異として捉える（否定弁証法）：差異を重視する……117
⑧構造主義：構造の中で捉える……120
⑨因果関係：原因と結果の関係として見る……123
⑩人間にとっての意味：人間の存在を前提に考える……125

4日目 まずは一〇〇通りの物の見方で頭をほぐそう

なぜ頭をほぐす必要があるのか？……128
物の見方を変える……131
常識を疑う……136

5日目 言葉の家族、仲間、敵を探そう

関連させる……142
言葉の家族……144
言葉の仲間……146
言葉の敵……150
幸福の場合……153

6日目

論理的に話せない人へのとっておきのアドバイス

論理的に話せない理由……156
グループに分ける……157
一〇の哲学概念で整理する……159
一文にする（英語の基本五文型が役立つ）……165
グループ内の言葉を一つにまとめる……171

7日目

一言でキャッチーに表現するためのコツ

最後は磨き上げる……180
抽象的に表現してみる……181
キャッチーに表現するための六つの技……183
大事なことは考え続けること……186
演習問題……189

文庫版特別講義

頭がよくなる！ 哲学名言解説

名言1――パスカル……206

名言2——ルソー …… 208
名言3——ヘーゲル …… 210
名言4——ニーチェ …… 212
名言5——サルトル …… 214
名言6——ボーヴォワール …… 216
名言7——アラン …… 218
名言8——ヒルティ …… 220
名言9——西田幾多郎 …… 222
名言10——九鬼周造 …… 224

あとがき　頭がよくなるためにはモチベーションを維持することが大事 …… 226
主な参考文献 …… 229

1日目

社会のことを知らないと物事の本質は見えない

社会のことを知らなければならないワケ

「社会のことを知らなければならないのは当然じゃないか」と思われるかもしれません。そうです、当然のことです。しかし、それがなかなかできていないのです。さらに、私がここでいう「社会のこと」というのは、単に新聞を読みましょうということだけではありません。**最低限の教養が必要であるといいたいのです。**

残念ながら、いまの学校教育はテクニックを教えることばかりに力を入れており、教養教育を重視しようとはしません。一冊の古典的な文学作品を読むのには時間がかかりますが、一〇〇冊分のタイトルだけを暗記するより、その時間を一冊じっくり読むのに当てれば、どれほど有益かと思うのですが……。

だからこそいま、教養を重視する数少ない大学が産業界で評価され始めています。知識を暗記し、テクニックだけをマスターした若者たちが、社会で物事の本質をつかめずに行き詰まっている姿を目《ま》のあたりにし、産業界もようやく危機感を覚え始めたのでしょう。これが、当たり前のことであるにもかかわらず、私が改めて社会のことを知る意義を強調しておきたい理由です。

物事の本質をつかむためには、そのものをいくら眺めていても答えは出てきません。これからじっくり時間をかけてやるように、その物事を分析することが必要になってくるのです。その際求められるのが、対象になっている物事に関連する知識です。例えばリンゴの本質を考えるとき、それがどんなものなのかを知らなければ、何も語ることはできませんし、分析もできないのです。

赤くて、手のひらサイズで、世界中で見られる果物と知っていれば、まず何らかの分析はできます。でも、それでもまだ足りません。例えば、リンゴが聖書に出てくる禁断の果実で、知恵の象徴と知っていれば、さらにリンゴの姿が立体的になってきます。

また、史実かどうかは別としてニュートンが実験に使ったエピソードや、ウィリアム・テルが射抜いたリンゴの逸話、セザンヌが描いたリンゴ、リンゴを模《かたど》ったビートルズのレコードレーベルのマークや、アップル社のロゴマークなども知っていればよりいいでしょう。

つまり、こうした知識を持っていると、リンゴがどのように使われてきたのかがわかり、人間にとってリンゴというものがどういう存在なのかがより鮮明になるのです。具体例は多ければ多いほどよいのです。とはいえ、あまり多いと整理するのが大変ですから、象徴的でかつ異なる種類のものが一〇個くらい挙げられればいいのではないでしょうか。

物事の本質は一つです。でも、その一つの本質をつかむには、いったんその物事の姿を相対化する必要があるのです。ここでいう相対化とは、そこに複数の姿を読み取るということです。リンゴの顔は一つではありません。江戸川乱歩の小説の登場人物・怪人二十面相ではないですが、果物としてのリンゴ、絵としてのリンゴ、象徴としてのリンゴなど様々な顔を持っているのです。まずはそれを知ることです。

たった一つの顔しか知らなければ、相手に騙《だま》されてしまいます。この点では怪人二十面相と同じであり、物事の本質を見抜く行為は『怪人二十面相』に登場する名探偵・明智小五郎の推理と何ら変わらないのです。

社会を知る方法

問題は、どうすれば社会のことを知ることができるかです。先ほどのリンゴの例でいうと、まず物理学的、自然学的にリンゴというものを知ることが求められます。どんな大きさで、どんな色で、どんな形をしているのか、またどこで穫れるのかなど。

次に歴史、文学、時事に精通していることが求められます。歴史を知れば聖書に出てくるリンゴやニュートンの話がわかります。文学を知れば、ウィリアム・テルの逸話もわかります。時事に精通していれば、ビートルズやアップル社のことがわかるのです。

もちろんもっといろいろな学問に精通していれば、それに越したことはありません。でも、人間には限界があります。ですから、あまりハードルを上げたくないのです。**ここで私が提唱しているのは、誰にでもできる頭がよくなる方法です。**そこで、最低限これだけは……というものを挙げました。

整理すると、自然学(科学)、歴史、文学、時事の四つです。しかも、何も大学レベルの深い教養が必要だなどといいたいわけではありません。**あくまで常識の範囲でいいのです。**残念ながら、最近の若い人にはそのようなレベルの教養さえままならない人が多いように思います。おそらくそれは教育のせいでしょう。

詰め込み教育の弊害により、試験の直前に無味乾燥に暗記させられることで、二、三日もすれば覚えたことは全部消えてなくなるのです。また、大学教育も専門分化しすぎていて、教養を学ばせようという機運はまったくといっていいほど見られません。

知識を詰め込もうとしてはいけない

だから自分で補うしかないのです。しかも、いま書いたように、**決して知識を詰め込もうとしてはいけません。**語呂合わせで意味もわからず覚えたものなどなんの役にも立たないからです。せいぜいクイズ番組で優勝できる程度のメリットしかありません。でも、皆さんもお気づきのように、クイズ番組の優勝者はその知識をそれ以外に使うことはありません。いや、正確にいうならば使えないのです。

クイズのための知識は、Aという質問に対してBと答えるだけであって、AとBの結びつきしかありません。そうではなくて、AとくればそれをBだけでなくC、D、E、F……と無限に、かつ**他の要素と有機的に関連させることのできる知識が求められるのです。**

そのためにはどうすればいいのか？　読書をすることです。先ほども書いたの

社会のことを知るための教育

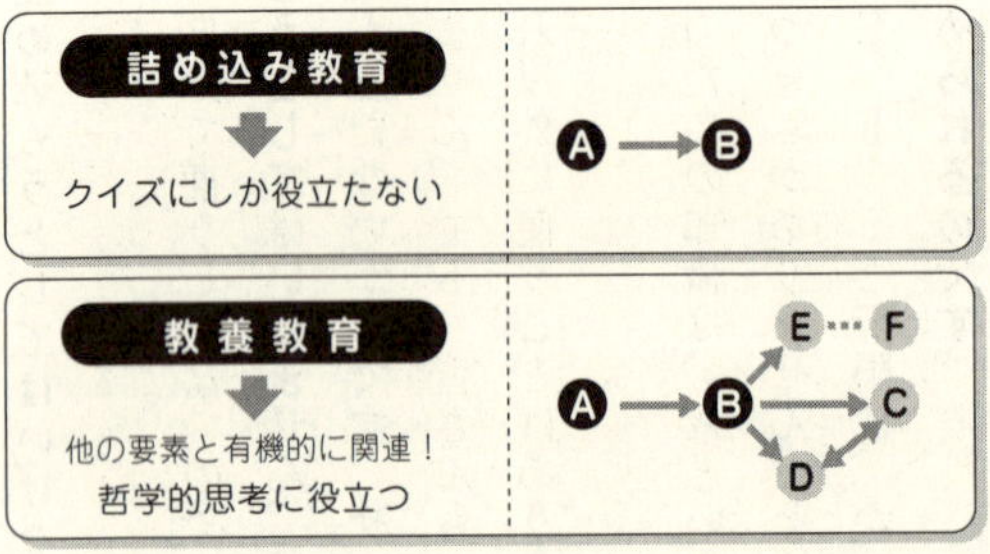

ですが、一〇〇冊の文学作品のタイトルを覚えても、そこから出てくるのはその本の名前でしかありません。その知識から思考がそれ以上広がることはないのです。ところが、一冊の文学作品をきちんと読んでいれば、その作品の中の様々な要素が有機的につながり、広がっていきます。そしてそれはその作品を越えて、例えば私たちの現実社会にもつながってくるのです。

例えば、主人公の気持ちと自分の気持ちを重ね合わせてみたり、作品の時代背景と自分の生きている現代を比べてみたりというように。これが思考です。**タイ**

トルと作者を結びつけるためだけにエネルギーを使うのは、何の意味もありません。

したがって、自然学、歴史、文学、時事のそれぞれについて、何でもいいから貪欲《どんよく》に読み続けるべきでしょう。実はこうした教養はリベラル・アーツと呼ばれます。文法学、論理学、修辞学、幾何学、算術、天文学、音楽の七科目を指したことから、かつては自由七科と呼ばれていました。

現代では幅広く教養科目のことをリベラル・アーツと呼んでいます。リベラルとは自由という意味ですから、人を自由にする科目といった意味です。もっというならば、**人の自由な思考を可能にする教養を意味する**のです。

教養を深めると自由な思考が手に入る

そうなのです。**私たちは教養を深めれば深めるほど、自由な思考を手に入れることになるのです。しかもそれは読書をするだけで成し遂げられるのです。**だか

社会のことを知らないと物事の本質は見えない

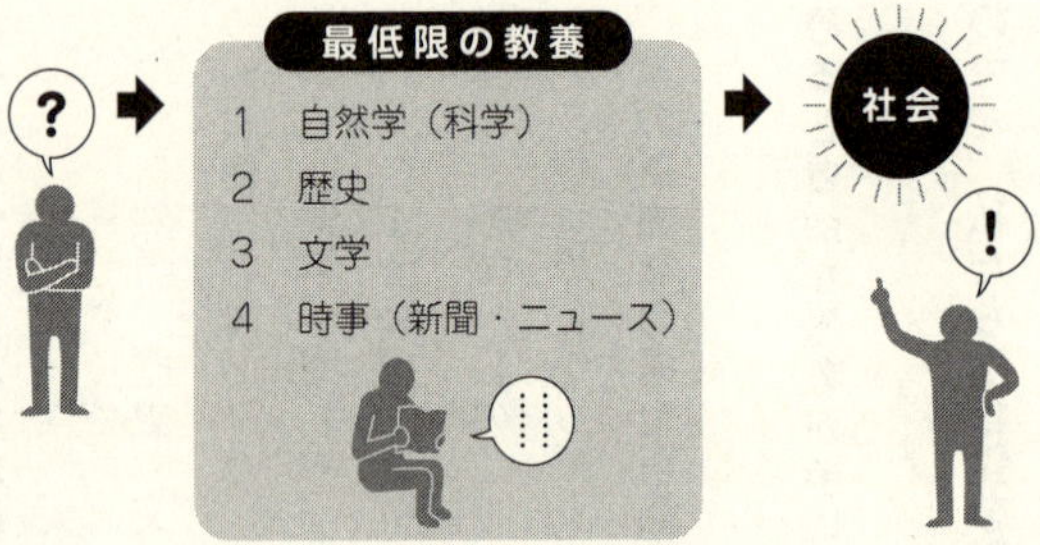

らいつでも誰にでもできるはずです。

もっとも、時事については読書だけでは足りません。文字通り日々のニュースを追いかける必要があります。世の中は常に動いているからです。新聞でもテレビのニュースでもインターネットでもいいでしょう。とにかくいま世の中で何が起こっているのかをよく見極めることです。

ところで、このようなことを七日間のうちの一日でやれるはずがないと思われる方もいることでしょう。その点は心配いりません。これについては、今後の人生においても毎日継続してもらえばいいのです。というか、継続こそが大事です。七日間の初日にやっていただきたいのは、現時点での自分の実力の確認と、今後の計画を立てることです。

いずれにしても、初日の「社会のことを知る」という能力については、誰しも少しは備えているでしょうから、とりあえずそれを確認することで一応OKとしたいと思います。

いまはこのように偉そうなことをいっていますが、**かくいう私もかつてはまったく教養のない人間でした。**おまけに新聞もろくに読まないという体《てい》たらく。就職活動を始めて、ようやく新聞を購読し始めたくらいです。でも、就職してからはさらに時間がなくなり、教養についてはますます遠のいていきました。当然物事の本質などわかるはずがありません。人からいわれたことを鵜呑《うの》みにするだけです。

中国に駐在していたときも、日本の文化や風習についてよく尋ねられましたが、何一つまともに答えられませんでした。いま思えば、その教養のなさが私の目を曇らせていたのかもしれません。仕事をしていても事態がつかめず、よく失敗したものです。

しかし、大学院で哲学を学び始めてからは、教養と時事の重要性に気づき、読書と時事の確認を欠かさないようになりました。すると自然に物事を有機的に関連づけることのできる知識が身についてきたのです。一朝一夕《いっちょういっせき》にはどうにもなりませんが、一刻も早く教養と時事の大事さに気づいて、皆さんに読書と新聞等のチェックを始めてもらいたいと思います。

知識があると概念が膨らむ

初日の最後に、本書の冒頭で掲げた「幸福とは何か?」という例題にあてはめて考えたいと思います。皆さんの現時点での知識力をたしかめるためにも、ぜひ一緒に考えてみてくださいね。

幸福といえば何を思い浮かべますか? 平和、お金があること、友人に恵まれ幸福といえば？

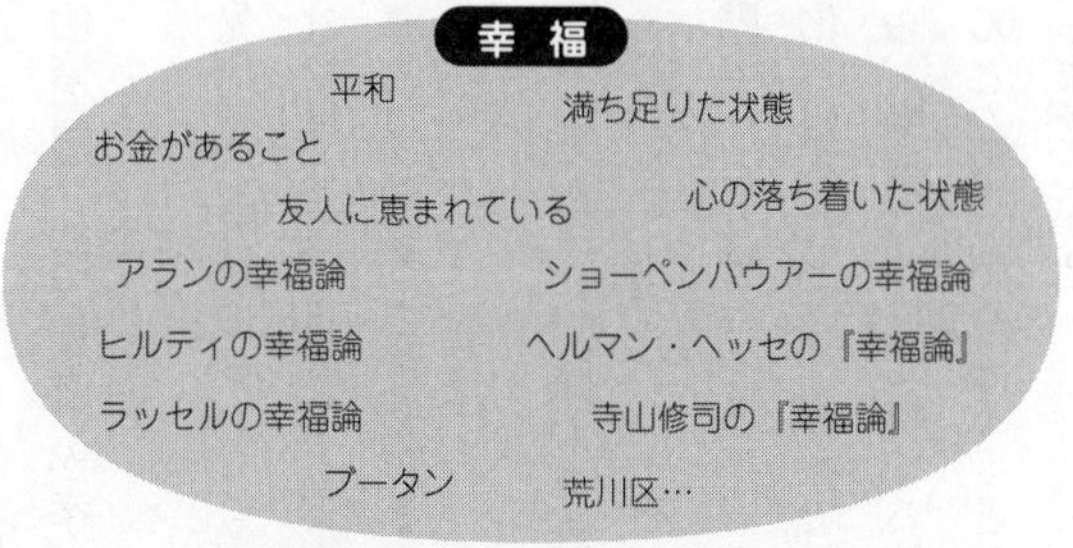

ていること、満ち足りた状態、心の落ち着いた状態、ブータン……といった感じでしょうか？　ブータンというのはまさに時事ですね。国民総生産（GNP）の代わりに幸福を指標にして、政策を実現している国です。

さらに教養という視点からは、私であれば数々の幸福論が頭に浮かびます。前向きになることで幸福になれるとしたアランの幸福論、何かを積極的にやることで幸福になれるとしたラッセルの幸福論、神による救いを説いたヒルティの幸福論、意志の禁欲こそが幸福をもたらすとしたショーペンハウアーの幸福論など。文学ならヘルマン・ヘッセの『幸福論』や寺山修司の『幸福論』が挙げられるでしょう。

また、先ほどの時事についても、ニュースを綿密に追いかけていれば、ブータンの話だけではなく、日本でも東京・荒川区がブータンに職員を派遣して、同様の指標を導入していることを知ることができます。

さて、こんなふうに知識があれば、幸福の概念は相当立体的に膨らんできます。この知識をどう使うか——それは二日目以降のお楽しみです。ただ、初日を終えた段階で一つだけいえることがあります。それは、少なくとも皆さんの頭がすでに進化し始めたということです。

なぜなら、幸福について持てる知識を総動員して、そこから有機的に関連する事柄をどんどん引っ張り出そうとしているからです。ほら、自分の脳が動き出したのを感じませんか？

2日目

頭がよくなるためのボキャブラリーを増やそう！

なぜ哲学の知識なのか

二日目は、頭がよくなるためのボキャブラリーを増やしていただきたいわけですが、ここでは初日とは違って、哲学に特化した知識を増やしたいと思います。**物事の本質をつかむのに哲学が最良の手段**であることは、すでに何度もお話ししているとおりです。その哲学という営みは、思索の積み重ねであるといえます。だからこそ普遍的で、方法論としてもいまなお有効なのです。

つまり、**哲学の有効性の根拠は、長い時間をかけて批判的検討にさらされてきた点にあるといっても過言ではありません。**そこで私たちもそんな哲学の基礎を押さえておく必要があるといえます。何を隠そう、歴史上の偉大な哲学者たちも、同様に過去の先人の知恵を手掛かりにして、思索を行ってきたのです。例えば近代の哲学者たちの著作には、古代ギリシャの哲学者たちへの言及がたくさん見受けられます。

現代思想家と呼ばれる人たちは、近代の哲学者を手掛かりにしているのです。

だから私たちも大いに過去の先人に学ぶ必要があります。よく学ぶことは「真似ぶ」ことから始まるといいますが、そのとおりです。とりわけ哲学のように難しい学問の場合は、まず真似をすることでしょう。

そのためには、二つの作業が求められます。一つは、哲学史を押さえておくことです。もう一つは、哲学概念に親しんでおくことです。哲学におけるボキャブラリーとは、この哲学史と哲学概念の二つを指します。

哲学のボキャブラリー＝哲学史＋哲学概念

実はこれは哲学という学問を学ぶときの通常の方法でもあります。まず哲学の歴史である哲学史をざっと概観し、把握しておくことで、自分がいまどの時代の何を勉強しているのかを頭の中で整理することができます。

賢くなるためのボキャブラリーを増やそう！

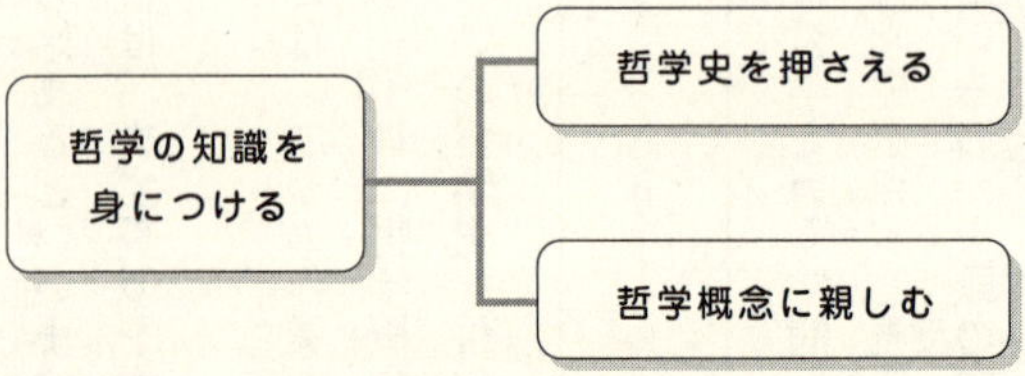

そのうえで、基礎的な哲学概念について学ぶことは、哲学的思考を行っていくための基礎的な武器、ツールを身につけるという意味で、不可欠なのです。もちろん自分のオリジナルのツールを生み出してもらえばいいわけですが、再三繰り返しているように、**やはり最初は真似からです。**

この二つの作業を通じて、私たちは頭がよくなるためのボキャブラリーを獲得することが可能になります。しかもそれは、普通の人に欠けているものです。高校で「倫理」を選択し、よほど真面目に勉強した人か、大学で「哲学」を専攻した人でなければ、なかなかそのような機会を持つことは困難ですから。

とはいえ、私がこの本で提示しているのは、合計七日間で頭がよくなる方法です。しかも哲学のボキャブラリー習得に充《あ》てることができるのは、わずか一日。したがって、決して高いハードルを設定するつもりはありません。あくまで、これから私がわずか数ページを割《さ》いて説明する内容を理解しておいていただければ充分です。ご安心を！

哲学史の学び方〜五分でわかる哲学史〜

ボキャブラリーの一つ目、哲学史については五分でわかる程度に整理したいと思います。逆にいうなら、本書の目的を果たすにはそれで充分です。

まず大まかに古代ギリシャ、中世、近代、現代という四つに区分するのがいいでしょう。古代ギリシャでは、ソクラテスによって哲学という営みが始められました。もちろんそれ以前にも、世界の成り立ちを説明するために、ソクラテス以前の哲学者たちが、哲学を行っていたのはたしかです。でも、明確に哲学という概念が生まれたのは、ソクラテス以降だといっていいでしょう。

彼は批判的に検討することで、物事の本質を暴き出すという哲学の手法を確立したのです。具体的には「無知の知」に基づく「問答法」によって、**決して知ったかぶりをすることなく、相手に質問を繰り返すのです。そうして相手の口から答えを導かせるのです。**

例えば「自由とは何か？」と問えば、相手は「好きなように振る舞うことだ」と答えるでしょう。でもその答えに対して、「皆が好きなように振る舞えば、自分の思い通りにならなくなるよ」と反論したらどうでしょう。おそらく相手は、「それなら、他人のことにも配慮しながら自由に振る舞うことだ」と答えるのではないでしょうか。

たしかに、私たちのいう自由は、決して好き勝手に振る舞うことではなく、他者との関係性、社会という枠の中で許された行為を行うことですから、この答えはより本質に近いような気がしますね。この答えは、問答法を通じて相手が自分で見出したものなのです。

これは相手のいる場合ですが、実は私たちが一人で物事を考えるときも同じだといえます。**知ったかぶりをせず、自分の知識に謙虚になって、自分自身に問いかけるのです。**哲学的思索はそうして始まります。

ソクラテスによって誕生した哲学は、弟子のプラトンやそのまた弟子のアリストテレスに引き継がれます。プラトンはイデア説といって、物事の本質はこの現実の世界ではなく、むしろ理想の世界にあるといいます。だから、目の前の現実にごまかされていては本質が見えないというわけです（このイデアという概念については、後で哲学概念として詳しく説明します）。

アリストテレスはその逆で、現実にこだわりました。特に彼の共同体論とそこにおける倫理は、物事の本質を考えるうえで私たちに現実的な視点を提供してくれます。彼は物事のほどほどの状態を意味する「中庸《ちゅうよう》」を重視したのです。

中世に入ると、キリスト教が幅をきかせます。したがって、哲学の役割も、いかにキリスト教と哲学を融合させるかという点に重点が置かれます。ここではアウグスティヌスとトマス・アクィナスという二人の哲学者を押さえておけばいいでしょう。前者はプラトンの二元論的世界観（世界は理想と現実の二つに分かれるという考え）を、後者はアリストテレスの目的論的世界観（もともと現実の中にある可能性が、目的に向かって成長していくという考え）をキリスト教の世界に援用しました。

近代に入ると、まずその入り口でルネ・デカルトが「我思う、ゆえに我あり（コギト・エルゴ・スム）」という言葉と共に「私」の意識中心の哲学を発見し、それを徐々に発展させていきます。言い方を換えると、主観と客観が分離されたわけです（これも哲学概念として後で詳しく説明します）。

その際、私の意識はどこから来るのかをめぐって、デカルトに端を発する大陸合理論と、ベーコンあるいはロックに端を発するイギリス経験論が対立します。前者が生得的観念（人間が生まれながらに持っている知識）を認めようとするのに対して、後者はそれを否定します。知識は生得的なものではなく、経験に基づくと考えるからです。

そうした対立を和解に導き、近代哲学の金字塔《きんじとう》を築き上げたのが、ドイツの哲学者イマヌエル・カントでした。カントは現象と物自体という二つの次元で物事を認識すべきことを訴えました。つまり、人間に認識できる世界とそうではない世界があると主張したのです。そうして時間と空間という分類や、カテゴリーと呼ばれる物事を認識する際の分類表を提示したのです（これらについても後で哲学概念として説明します）。

その後カントの影響を受けた哲学者たちがドイツで活躍し、ドイツ観念論という一派を形成しました。近代哲学の中心地はドイツだったといっていいでしょう。その完成者といわれるのがヘーゲルです。彼は物事を発展させる弁証法という論理を使って、人間の意識を最高に高めたのです（弁証法についても哲学概念として後で詳しく説明します）。ちなみに弁証法とは、物事が動いているという運動の原理の中で捉えてはじめて可能になるものです（運動の概念も哲学概念として後で説明します）。

その後、頂点を極めてしまった哲学という営みは、ヘーゲルに対する批判から再出発します。社会主義を唱えたマルクスや、自分で道を切り開くという意味の実存主義の先駆者キルケゴールなどを挙げることができます。

そうして哲学は現代思想の段階に入っていきます。現代思想とは、「私」の意識を中心とする近代の哲学を乗り越えようとするプロジェクトにほかなりません。物事を構造の中で客観的に捉えようとするレヴィ＝ストロースの構造主義は、その入り口にあるといっていいでしょう（構造主義についても後で哲学概念として詳しく説明します）。

具体的には、現代思想は近代の後という意味でポストモダンと呼ばれます。近代までの哲学が「私」の意識を中心とした、一つの確固たる答えに向かう傾向にあったのに対して、現代思想は必ずしもそのような一つの答えを求めようとはしません。反対にそうした傾向を危険視し、バラバラのままで、つまり差異をそのままにしておこうとするのです。フランスのデリダやドゥルーズなどがその旗手といえます。現代思想はフランスの時代でした。

もちろんフランスだけという意味ではありません。例えばドイツでも、テオドール・アドルノが否定弁証法という概念を掲げ、物事を一つにまとめようとする弁証法に抗して、差異を差異のままに生かそうとする思想を提起しました（否定弁証法も後でじっくり説明します）。

このほかにも二十世紀後半以降のアメリカを中心としたリベラリズムなどの政治哲学や、明治以降の仏教と西洋哲学を融合させた日本の哲学についても知っておくとなおいいでしょう。

大事なことは、こうした思索の歴史のうえに、私たちの思考の営みも横たわっ

ひと目でわかる哲学史

時代	哲学者	内容
古代ギリシャ	**ソクラテス**	無知の知、問答法
	プラトン	イデア説
	アリストテレス	現実主義
中世	**アウグスティヌス**	プラトンの二元論的世界観をキリスト教に援用
	トマス・アクィナス	アリストテレスの目的論的世界観をキリスト教に援用
近代	**デカルト**	生得的観念論
	ロック	経験の重視
	カント〜ヘーゲル	ドイツ観念論
	マルクス	社会主義
	キルケゴール	実存主義
現代	**デリダ、ドゥルーズ**	ポストモダン
	アドルノ	否定弁証法
	アメリカの政治哲学	リベラリズム

ているという事実を頭の片隅に置いておくことです。物事の本質を考えるときには、ぜひ彼ら歴史上の哲学者たちの偉業にも目を向けていただきたいと思います。そうすることで、何らかのヒントが見えてくると思うのです。彼らもまた私たちと同じような問題を考えてきたのですから。

哲学概念の学び方

ボキャブラリーの二つ目、哲学概念については、基本の思考パターンとして必須の一〇個を三日目に紹介する予定です。そこでここでは、一般的にどのような哲学概念をどのように学べばいいのか、概略をお話ししておきたいと思います。

そもそも哲学概念とは何かということですが、これはずばり思考の成果であるといっていいでしょう。だいたいいくつくらいの概念を知っておけばいいのかというと、次に挙げる三〇個くらいで充分だと思います。「え、三〇個も！」と思われるかもしれませんが、哲学概念は無数にありますので、そのうちの三〇個だと思えば少ないほうです。

ただ、三日目に紹介する一〇個以外は、そんなに詳しく知っておく必要はありません。では、どの程度知っておく必要があるのかですが、それは私がこれらの概念を選択した理由に関係しています。

つまり、私がこの三〇個を選んだのは、**物事の本質をつかむうえで分析のツールになりうると思ったからです。**そうした視点から、ごく簡単にコメントしておきます。読者の皆さんは、哲学の専門家になられるわけではないので、おそらく私がここで述べる内容を知っておいていただければ、それで充分だと思います。

いきなり三〇個をどーんと並べると大変ですので、三日目にじっくり説明する必須の一〇個を先に、そしてその他のプラスアルファの二〇個を後に並べますね。まず必須の一〇個から行きましょう。

必須の一〇個

〈カテゴリー〉物事を階層的に分類することです。物事は何でも分類することができます。モノサシはいろいろありますが、とにかく対象となっている物事をまずは分類してみることが大事です。その際、階層化を意識しなければなりません。物事は、並列的に分類できるだけでなく、階層的に位置づけることができるからです。

具体例 ― 世界の国もいろいろ分類できますが、対等と思われている国々も、実は階層的に見ることが可能です。例えば国際政治の利害関係でいうと、いまアメリカと中国がG2だといわれます。ではその他の国はどうかというと、やはりG2の下にぶらさげる形で分類することも可能なのです。

　日本は日米安全保障があるのでアメリカの下です。ロシアは冷戦の経緯もあるので、強《し》いていうなら中国の下です。そのロシアの下には、当然旧ソ連の国々がぶらさがっています。こういう分類をすることがカテ

ゴリー的発想です。

〈主観と客観〉 対象を主観と客観に分けて考えてみるといいでしょう。つまり、私とその対象というものの見方をするのです。

具体例　朝起きて水で顔を洗い、服を着替えてパンを食べる。何の変哲もない一日のスタートですが、この状況は私という主人公の視点から見ると、私が朝起きて、私が水を使って顔を洗い、私が服を着て、私がパンというものを食べるのだと表現することができます。つまり、すべて私とその他の状況や物に分けて考えることができるのです。

〈時間と空間〉 物事は何でも、時間軸と空間軸の図表の上に位置づけることができます。そうすることによって普段とは違った姿が浮かび上がるのです。

具体例――私の名前はご存じのとおり小川仁志です。でも小川仁志と聞いて、怠け者だという人と、努力家だという人の二種類がいます。なぜでしょうか？

それはいつどの時点で存在した小川仁志を知っているのかによって変わってくるのです。例えば京都大学時代の私は授業にも出ない大変な怠け者でしたから、一九九〇年の京都という時間と空間を特定すると「小川仁志＝怠け者」となります。

これに対して、名古屋市役所で働きながら子育てをしつつ、大学院に通っていた頃の私は三足のわらじを履く努力家でしたから、二〇〇五年の名古屋という時間と空間を特定すると「小川仁志＝努力家」となるわけです。

〈イデア〉　プラトンは、目に見えているものはイデアという物事の本質の影にすぎないと主張しました。したがって、対象となっているもののイデアがいったいどのような姿なのかを考えてみるといいでしょう。

具体例――周囲を見渡してみてください。皆さんの目にはいろいろなものが飛び込んでくるはずです。女の子の手を引くお父さん。仲睦《むつ》まじいですね。空を見上げると飛行機が飛んでいます。アメリカに向かうジャンボジェットでしょうか。思わず旅に出たくなります。
でも、それは本当なのでしょうか？　もしかしたら女の子の手を引くのは誘拐犯で、女の子は騙されてついていっているのかもしれません。空を飛んでいるのは飛行機ではなく、北朝鮮から発射されたミサイルで、いままさに首都圏を破壊せんと向かっている最中かもしれないのです。物事はパッと見ただけではわからないものなのです。

〈運動として捉える〉物事は何でも運動として捉えることができます。静止しているものを運動の途中であると考えてみると、違う姿が見えてくるでしょう。

具体例――目の前に朝顔が咲いているとします。多くの人は「きれいですね」と形容することでしょう。それは、このきれいに咲いている朝顔の瞬間しか見ていないからです。しかし、朝顔は誰もが夏休みに観察日記をつけたことがあるように、夏の間しか咲きません。だから、種の状態から枯れてしまうまでの変化を毎日絵日記につけるのに適しているのです。

ということは、そんな朝顔の変化をビデオで撮り続けて、五〇倍速で再生したらどうでしょう。まるで朝顔が運動しているように見えるのではないでしょうか？　つまり、どんな物事も運動している状態として捉えることが可能なのです。

〈弁証法〉　物事は何でも矛盾を抱えているものです。その矛盾を切り捨てることなく、マイナスをプラスに変える発想をすることで、より発展した段階に至ることができます。対象となっている物事を、弁証法の過程として捉えてみてはいかがでしょう。

具体例　―　最近、電子書籍が発達してきています。どうしてこんなものが出てきたのでしょうか？　たしかに本は複数持つとかさばります。旅行に行くときも何冊か本を持っていきたいけれど、重いんですよね。

その点、パソコンならデータをたくさん入れることができます。そこで、複数の本は重くてかさばるというマイナスを、パソコンを本のようにコンパクトにすることでプラスに変えた結果が電子書籍なのです。

〈差異として捉える（否定弁証法）〉　とかく私たちは、物事を一つの概念にまとめがちですが、それらは差異のままにしておくこともできます。そのほうが本質を見失わなくて済むからです。

具体例――バラエティ番組を非難する人がいます。あんなのはお笑いで、馬鹿なことばかりしているから教育上よくないなどという人もいます。しかし、バラエティといっても様々です。教養を学べる教育バラエティもありますし、障がい者問題を明るく取り扱った障がい者情報バラエティというものまであります。

これらが馬鹿なことばかりしている番組でないことは、すぐにわかっていただけると思います。

何でも安易にひとくくりにしてしまうのは、とても危険なことなのです。

〈**構造主義**〉　物事は何でも構造の中で捉えることができます。そうすることで対象の意味が変わってきます。

具体例──政治家の人気取りパフォーマンスがよくないことは皆わかっています。では、よくわかっていながら、なぜ政治家はそのようなことをするのでしょうか？　それは人気取りパフォーマンスにつられて投票する人がいるからです。

つまり、そのようなパフォーマンスをする政治家だけが悪いのではなくて、それに呼応する有権者も悪いのです。これは政治や投票という全体構造の中ではじめて見えてくるものです。パフォーマンスだけを見ていても何も見えてきません。

〈**因果関係**〉　物事は何でも原因と結果という因果関係の中で把握することがで

きます。

具体例　私たちはなぜ存在しているのか？　それは親という原因があるからです。では、なぜ親やまたその親は存在しているのか？　それは究極にさかのぼれば、地球が生命を生み出す環境にあったからです。ではなぜ地球は生命を生み出す環境にあったのか？　それは太陽との位置関係がちょうどよかったからです。こんなふうに、物事は何でも原因と結果の関係で成り立っているのです。

〈人間にとっての意味〉　物事は何でも、人間にとってどのような意味があるのかという視点で捉えることができます。哲学が人間の営みである以上、どうしても人間にとっての意味を考えることになります。

―具体例― 物は人間が使うためのもの、食べ物は人間が食べるもの、学問は人間が学ぶためのものです。家はもちろん人間が住むためのものですが、地球全体も人間が住むためのものだといえます。

地球には他の動植物も住んでいますが、それは人間と共存するための存在にすぎないのです。

プラスアルファの二〇個

〈普遍と特殊〉対象となっているものを、普遍的な側面と特殊な側面に分けて考えるといいでしょう。その際、特殊が集まって普遍になる点に注意する必要があります。

―具体例― 赤、青、黄が特殊で、「色」という概念が普遍です。

〈矛盾状態（撞着《どうちゃく》語法）〉　物事は何でも、矛盾した状態にあると見ることが可能です。撞着語法というのは、一見矛盾する二つの言葉を足し合わせて作ったものを指します。

具体例――例えば現在噴火していない火山は、静かな山と噴火状態の矛盾した存在だといえます。なかでも、もう噴火することのない火山を死火山などと呼びますが、それでもまだ火山とつけるのは撞着語法の例ともいえます。

〈現実と理想〉　現実の状態と理想の状態を明確にし、対象が現在どの位置にあるのかを確認するといいでしょう。

具体例――ヘーゲルは現実と理想を一致させなければならないといいま

した。当時のドイツ国家の状態が現実で、彼が『法の哲学』で描いた国家が理想だったのです。いまの日本社会はどうでしょうか？　少なくとも理想には程遠いですよね。

〈上部下部構造〉マルクスは経済を下部構造として、それによってあらゆるものが規定されるという二段階構造を設定しました。そこで、何かを下部構造として位置づけ、あらゆる物事をこうした二段階構造で捉えてみるといいでしょう。

具体例 ―― 私はアメリカ社会の根底に下部構造としてのプラグマティズム（結果がよければそれでいいとする思想）があると見ています。その上に、上部構造として彼らの政治や経済の仕組みがあるように思うのです。

〈観念と実在〉 観念という頭の中の世界と、実在という実社会の世界の二つを想定し、対象となっている物事をその中に位置づけていくといいでしょう。

具体例 ─ 自由というとき、皆さんは何を思い浮かべますか？　抽象的な自由の概念を思い浮かべた方──それは観念です。人々が支配者に縛られることなく、生き生きと暮らしている姿を思い浮かべた方──それが実在です。

〈限界（臨界）状態〉 物事は何でも複数の物質が衝突した結果、臨界状態にあると捉えることができます。何と何の衝突の結果なのか、またどうなると臨界状態が崩れるのかを考えてみるといいでしょう。

具体例 ─ 理科の実験で表面張力というのを学んだことがあると思いま

す。水をコップに入れて、ちょうど溢れないぎりぎりの状態です。表面が不思議とぷくっと膨らんだようになります。

これは一滴でも水が加わると、もう溢れてしまいます。人間関係もそうでしょう。たった一言で、関係が急に悪化してしまうことがあるものです。

〈量より質〉 物事は量だけでなく、質の面からも捉えることができます。そうすると違う姿が見えてくるものと思われます。

具体例 ― 物に質があるのは当然ですが、人生もそういった視点で見ることができるのではないでしょうか? 長く生きるだけがいいのか、短くても充実した納得のいく人生がいいのか。ちなみにソクラテスは、ただ生きることより、善く生きることを選んで自ら毒杯を呷《あお》り、伝説になりました。

〈強度〉 物事は種類だけでなく、インパクトの強さで分類することもできます。それを強度といいます。強度という指標に基づくと、それまでとは違った姿が見えてくるものと思われます。

具体例 ―レンタルビデオでも通常はアクション、ホラー、コメディなど種類で分けられていますが、ショックあるいは心を打つ度合い、つまり強度で分けると、違う分け方になると思います。

〈メタファー〉 メタファーとは隠喩《いんゆ》のことです。つまり、「〜のような」ということを明示することなく、何かに喩《たと》えることをいいます。これによって、対象が何かのメタファーであることが見えてくることがあります。

具体例――例えばカタツムリは「臆病なのんびり屋」、セミは「夏のにぎやかし」などといった感じでしょうか。センスが問われますね……。

〈脱構築〉 物事は何でも、解体して一から捉え直すことができます。そうすることではじめて本質が見えてくることがあるのです。

具体例――日本の民主主義は不動の大前提ではありません。よく考えてみると、戦後にアメリカから移植された政治制度にすぎないのです。したがって、これを一から問い直して、まったく違う仕組みにすることも可能なのです。

そうすることで、社会や国家というものが、本来は国民によって作り

——上げられるものであるという本質が見えてきます。

〈記号〉 物事は何でも、記号として表現することができます。具体的なものを記号にしてしまうことで、本質が見えてくることがあります。

具体例——例えば、世代に記号をつけることがあります。X世代とかY世代というふうに。こうして記号でくることで、その特徴をひとまとめにして把握しようとするのです。

〈目的と手段（道具主義）〉 物事は何でも、目的と手段という形で捉えることができるものです。あたかも何かの道具であるかのように捉えることで、本質が見えてくることがあります。

具体例 ― 親を道具だと思う人はいないでしょう。でも実際には、どんな親のもとに生まれるかで人生は変わってきます。その意味で、親は自分が生きていくための道具としての側面もあるわけです。だから誰にとっても平等になるように、社会が親をサポートしているのです。ドライと思われるかもしれませんが、これが本質を見るということなのです。

〈システム〉 物事は何でも一つのシステム、あるいはそれを構成する要素として捉えることができます。そうすることで本質が見えてくるのです。

具体例 ― 食物連鎖が一つのシステムであるように、人間関係も一つのシステムだといえます。様々な人間が助け合いながら、またお互いの利益を相互に交換しながら、一つにつながっているのです。

〈一元、二元、多元論〉　物事は何でも、一元的、二元的、それ以上の多元的な次元で捉えることができます。対象をどのような次元で捉えるかによって、見え方が異なってきます。

具体例　この星を一元的に捉えるなら、一つの地球ということになります。二元的に捉えるなら、人間とそれ以外の自然の共存状態と捉えることが可能でしょう。では、多元的に捉えるとどうか？　おそらく様々な生命体の集合状態と捉えることになるでしょう。

〈権力関係を見出す〉　物事の背後に権力関係を見出すことで、本質が見えてくることがあります。世の中には目に見えない権力があるものです。いかにしてそれを見出すかがカギを握ります。

具体例――福祉制度はありがたいものです。でもよく考えてみると、福祉制度のおかげで、私たちは国家に飼いならされているのです。病気で働けなくなれば、国家が面倒を見てくれます。だから私たちは国家に逆らうことなく、いざというときのためのお金を税金や保険料という形で収めているのです。

つまり、福祉制度の中にも権力の姿を垣間見《かいまみ》ることは可能なのです。ちなみに、これはフランスの思想家フーコーが「生《せい》権力」という名で指摘したものです。

〈感情と理性〉 物事は理性的側面だけでなく、感情的側面から捉えることもできます。両者が相まってはじめて本質が見えてくることがあります。

具体例――かつてパスカルは、物事は合理的に考えるだけではなくて、感情的側面からも捉えなければならないといいました。そうでないと本質が見えてこないというのです。大岡裁きはまさにそれだと思います。理屈よりも、かわいそうな人を助けることのほうが正しいというわけです。

〈存在論〉 物事は何でも、存在という視点から捉えることができます。

具体例――普段は考えたこともないかもしれませんが、目の前にあるものは、存在しているのです。私たち自身もそうです。あなたはこの世に存在しているのです。

〈意志を見出す〉 物事は何でも、その中に意志を見出すことができます。人間ではない社会現象でも、そこに意志を見出すことで見えてくる本質があります。

具体例 ― 社会にも意志がある。そう考えたのがフランスの思想家ルソーです。だから彼は、人々に共通する「一般意志」という概念を掲げて、それに基づいて社会を直接統治しようと呼びかけたのです。最近でも、ツイッターのタイムラインの中に、そうした人々の意志を読み込もうとする立場もあります。

〈帰納と演繹《えんえき》〉 物事は何でも、帰納と演繹という二つの理論で捉えることができます。帰納が個別の事象から一般原理を見出すものであるのに対して、演繹とは一般原則から始めて個別の応用例を導いていくものです。

具体例　フルーツは甘い、ケーキも甘い、だからデザートは甘いというのが帰納法です。逆に、デザートは甘いという事実から、具体的に何がデザートになり得るかを挙げていくのが演繹法です。

〈規範として捉える〉物事は何でも規範として捉えることができます。規範とは、「～しなければならない」というルールのことです。

具体例　男女といえば、両者は平等でなければならないというのが規範です。あるいは、哺乳類といえば、人間が食べてはいけないというのが規範です。

哲学概念ベスト30

必須の10個

▶ **カテゴリー**
：物事を階層的に分類する

▶ **主観と客観**
：主観と客観に分けて考えてみる

▶ **時間と空間**
：物事を時間軸と空間軸の図表の上に位置づける

▶ **イデア**
：物事には目に見えない本質がある

▶ **運動として捉える**
：静止しているものを運動の途中と考えてみる

▶ **弁証法**
：マイナスをプラスに変える発想をする

▶ **差異として捉える（否定弁証法）**
：差異を重視する

▶ **構造主義**
：物事を構造の中で捉える

▶ **因果関係**
：物事を原因と結果という関係の中で把握する

▶ **人間にとっての意味**
：人間にとってどのような意味があるのかという視点

プラスアルファの20個

- **普遍と特殊**：普遍的な側面と特殊な側面に分けて考える
- **矛盾状態（撞着語法）**：物事を矛盾した状態にあると見る
- **現実と理想**：現実の状態と理想の状態に分けて考える
- **上部下部構造**：下部構造と上部構造の二段階構造で捉えてみる
- **観念と実在**：観念という頭の中の世界と、実在という実社会の世界の二つを想定
- **限界(臨界)状態**：何でも複数の物質が衝突した結果、臨界状態にあると捉える
- **量より質**：量と質の両側面に分けて考える
- **強度**：種類だけでなく、インパクトの強さで分類する
- **メタファー**：何かに喩える
- **脱構築**：解体して一から捉え直す
- **記号**：物事を記号として表現する
- **目的と手段(道具主義)**：目的と手段という関係で捉える
- **システム**：物事を一つのシステムとして捉える
- **一元、二元、多元論**：物事を一元的、二元的、それ以上の多元的な次元で捉える
- **権力関係を見出す**：物事の背後に権力関係を見出す
- **感情と理性**：物事を理性的側面と感情的側面の両面から捉える
- **存在論**：物事を存在という視点から捉える
- **意志を見出す**：物事の中に意志を見出す
- **帰納と演繹**：個別の事象から考えるか、一般原則から考えるか
- **規範として捉える**：「〜しなければならない」と捉える

3日目

頭がよくなるための論理パターンベスト10

物事の本質をつかむカギ

三日目は、二日目に紹介した三〇個の哲学概念のうちから最重要と思われる一〇個を厳選し、詳しく解説します。この一〇個については、しっかりと理解して、使いこなせるようになっていただきたいと思います。

なぜなら、**この一〇個の論理パターンこそが、まさに物事の本質をつかむうえでカギとなる方法論にほかならないからです。**さらにいうならば、私自身、物事の本質をつかむときは、まずこの一〇個のうちのいずれか、あるいはいくつかの組み合わせを活用しています。その意味で、きちんと実証もされているということです。それでは早速見ていきましょう。

①カテゴリー：種類ごとに階層的グループに分ける

通常カテゴリーは「範疇《はんちゅう》」と訳され、物事を分類する基準という意味で用いら

種類に分けて階層化しよう

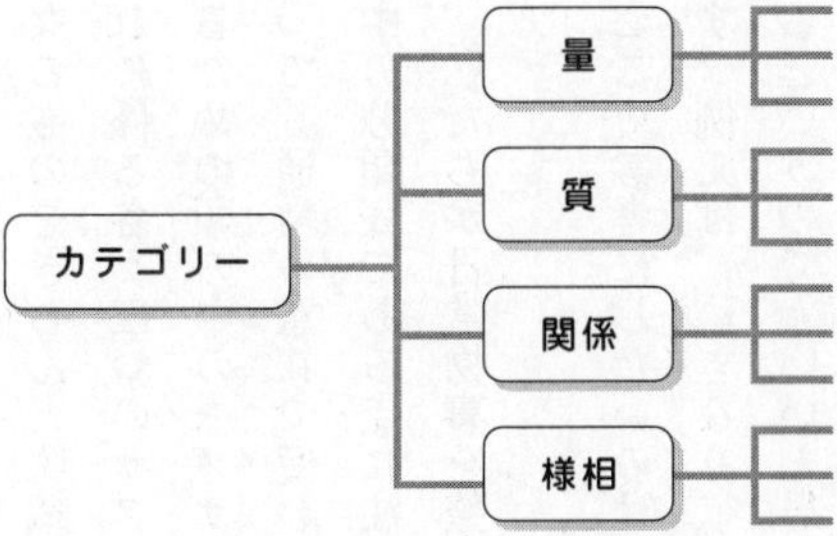

れます。**頭がよい人は頭の中がきれいに整理されているものです。**頭の中に入ってくる情報を瞬時に種類に分け、階層化していくことができるのです。そして本質的な内容を選び取っていくわけです。

哲学でカテゴリーというと、古代ではアリストテレスの『カテゴリー論』を指します。これは、世の中に存在するあらゆる物事がその下に分類される上位の概念で、基体、量、性質、関係、場所、時間、位置、所持、能動、受動の一〇項目が挙げられます。

たしかに量や性質、場所、時間といった事柄で何でも分類することはできますね。

近代以降では、カントの「認識論的カテゴリー」が有名です。カントは、人間が対象となるものをきちんと認識できるように、量、質、関係、様相の四つの項目と、それに係る各々三つのサブカテゴリーを掲げました。いわば、人間が物事を理解するための頭の中のモノサシのようなものです。

したがって、通常の意味で使われるカテゴリーよりは狭く、あくまで認識のための頭の中の分類表である点に注意が必要です。カントのカテゴリー自体は非常に難解で、私たちが日常物事を整理し、分類するのにそのまま使えるとは思えません。

むしろここで参考にしたいのは、**頭の中に自分なりのモノサシを設定するという発想です。**例えば、いきなり欲張らなくとも、自分はまず種類と性質に着目して分類するというのでもいいと思います。そしてその各々の下に、サブカテゴリーをぶらさげて階層化してやればいいのです。

車に関してならば、セダン、ミニバン、スポーツカー、四駆、軽自動車という種類に分けて、さらにその各々を細分化していくのです。あるいは性質という面では、ガソリン車と電気自動車という分け方もできます。要は、車と聞いて、瞬時に頭の中にそういうカテゴリー表がパッと展開するかどうかです。

②主観と客観：主体と客体で区分する

ここで述べるのは主体と客体という一対の概念です。**頭がよい人というのは、誰が何をしたのかという主体と客体の区別がしっかりできているものです。**子どものときからよくいわれたものです。「いったい誰が何をしたのか、きちんと説明してごらんなさい」と。これは大人になっても同じです。

とりわけ日本人は、主語は省く、述語も省くで、いったい何がいいたいのかさっぱりわかりません。「日曜はちょっと」といわれても、アメリカ人には通用しないでしょう。不思議なことに、日本ではこれが通用するのですが……。

したがって、物事の本質を考える哲学の世界では、ある意味でこれは基本中の基本の概念であるといえます。そこでまず前提として、主体と客体という概念そのものについてじっくりと考えておきたいと思います。

主体とは、簡単にいうと自分のことです。フランスの哲学者デカルトは、「我思う、ゆえに我あり」という名ゼリフとともに、この主体の概念を確立した人です。

彼は、この世の中に存在するもののすべてが疑わしくなってしまいました。そこで次から次へと疑い始めたのです。これを「方法的懐疑」といいます。例えば、いま自分の目の前にある机は、実は存在しないのではないか。自分は夢の中の世界にいるだけなのではないかと。あたかもキャベツの葉を一枚一枚剥《む》いていくかのごとく、疑いの皮を剥いていったのです。

そうやって疑っていった結果、最後の最後に残ったのは、疑うという行為をしている私だけだということに気づいたのです。この私が疑っているという行為だけは、たとえ夢の中であろうと現に行為している限り疑い得ないと。

「誰が何を」という視点を持つ

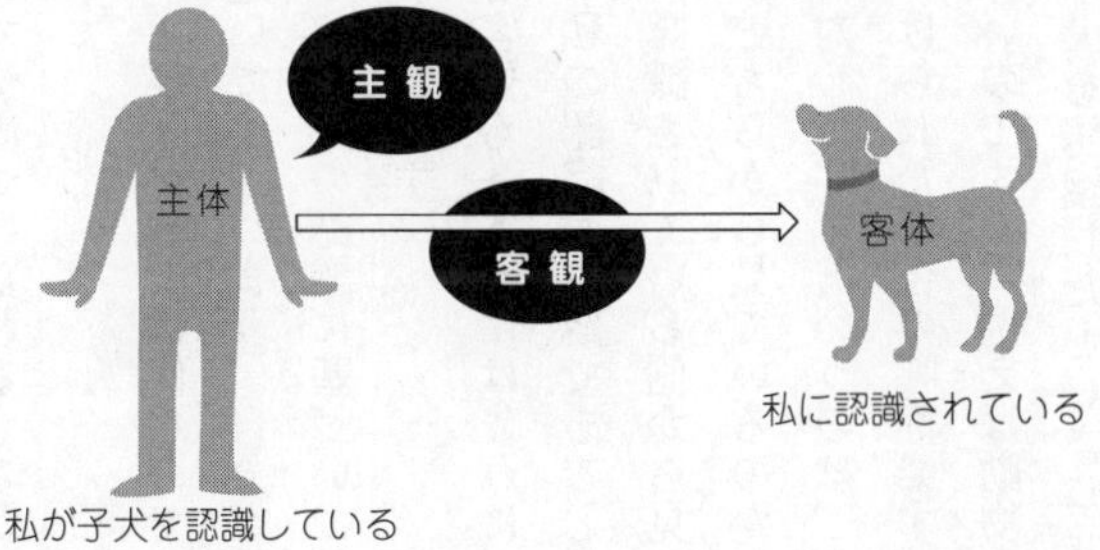

キャベツの葉を剝き続けても何も残らないけれども、疑う行為の場合は、最後に「私という芯」が残るのです。この芯こそが主体です。「我思う、ゆえに我あり」というのは、この芯の存在をいっているのです。考える行為をする私だけは必ず存在し、その存在こそがすべてであると。

では、客体とは何でしょうか。デカルトの論理によると、客体は私が認識するものにすぎません。つまりそれは、大きさ、長さ、深さといった「延長」と呼ばれるものにすぎないのです。こうした延長によって位置づけられるものが物体であり、私に認識された客体にほかなりません。

では、主観と客観とは何なのでしょうか。実は、主観と主体の違いは、認識と実践の違いです。つまり、自分が何かを認識しているとき、これを主観というのです。そしてその認識に基づいて行動しているとき、その行動している自分を主体というわけです。

客観と客体も基本的にはこれに対応しています。

いま、私の認識が主観であるといいましたが、これは私から見た場合の表現です。逆に認識されている側から見ると、それは客観として表現することができます。要はどちらから見ているのかという違いにすぎません。

これに対して客体というのは、認識されている側の客観が、行動する主体として位置づけられた場合の呼称です。私に認識されたモノが行動するというのはわかりにくいのですが、例えば動物などを想定してみるといいでしょう。

私が子犬を認識したとしましょう。この場合、子犬を認識している私が主体で、子犬を認識しているという事実が主観です。そして認識された子犬が客体で、私に認識されているという事実が客観なのです。

さて、これで主体と客体、主観と客観の違いはわかっていただけたと思います。ただ、ここまできて気づくのは、主体以外のすべてが客体ではないという事実です。つまり、客観が私に認識された状態である以上、私が認識していないものは客観ではないのです。客観でないということは、先ほどの対応関係からすると、客体でもあり得ないということになります。なぜなら、客体とは客観が行為する場合の呼称なのですから。

子犬の例でいうと、主体である私に認識された子犬だけが客体となり、それ以外の犬、動物、いや周囲のあらゆるものは、客体以外のものなのです。**つまり「生の現実」ともいうべき世界が無限に広がっており、私たちはその中から客体となる世界を切り取っているにすぎないわけです。**

このように、主体は世界を切り取って、そこに意味を付与することで客体をつくり出します。世界に意味を付与するという営みは、世界を理解するという言葉で置き換えることもできるでしょう。

そうすると、何もかも主体次第であるかのように思われますが、必ずしもそうではありません。というのも、主体とは客体によってはじめて規定される関係にあるからです。つまり、主体そのものにはもともと個性などないのです。自分の周囲の世界をどのように意味づけていくかによって、自分にとっての世界のあり方、すなわち世界観が決まっていくわけです。

そして、どのような世界観を持っているかによって、自分というものの個性が定まってくるわけです。その意味で、客体は主体にとっての成立根拠であるということもできます。

したがって、物事の本質をつかむということは、その対象となる問題をいかに客体として設定するかにかかってきます。客体が主体の成立根拠である以上、**自分の手に負えるものとして世界を切り取れるかどうかが勝負といえます。**闇雲に対処するのではなく、事態を分析し、自分の扱える問題として客体化していく必要があるのです。

例えば、目の前でビルが倒壊して騒ぎになっているとしましょう。これも誰が何をしたのかを考えることで、次の行動は変わってきます。ビルの住人が過失によってガス爆発を引き起こしたのか、テロリストが車で突っ込んだのか。前者なら数百メートル避難すれば充分ですが、後者ならもっと逃げる必要があります。近くでも同じことが起こる可能性があるからです。**頭がよい人は、まずそうやって「誰が何を」という点を確かめてから行動します。**

③時間と空間：時間軸と空間軸に位置づける

頭がよい人は、時間的・空間的把握能力に優れています。「いつ、どこで」という時間軸、空間軸の中に対象を位置づけることができるのです。わかりやすくいうなら、頭の中に時計と地図がきちんと備わっているのです。それが物事を捉える最低限のフレーム（枠組み）のように機能するのです。

哲学の世界でも、時間の概念と空間の概念というのは、やはり物事を論じるうえでのフレームみたいなものです。したがって、多くの哲学者たちがこれらについて論を展開してきました。そこで各々について、大まかな流れを確認しておきたいと思います。まず、時間についてです。

最初の本格的な時間論は、古代ギリシャの哲学者アリストテレスに始まるといっていいでしょう。彼は、時間とは前後に関して数えられた運動の数であるといいました。つまり、時間とは運動を前後方向に測って得られる数量、いわば運動の期間を数で表したものであるといえます。

つかみどころのない時間概念を、物理的に把握できるものとしてイメージした功績は大でした。運動に換算されると、たしかに動いた分の量的なものが頭に浮かびます。一キロメートル歩けば一キロメートル移動しているわけですが、同時に一キロメートル歩く前のスタート地点にいたときと一キロメートル歩いて到達した場所にいるときとでは時間が経過しているのです。その「量」が時間だというわけです。

私たちはいま、デジタル時計でこの瞬間の時刻を確認します。しかし、どれだけ時間が経過したのか、あるいはこれから経過するのかを考えるときには、数字が刻んであって針のついているあの丸い時計を見ることが多いですね。試験のときなどはそうだと思います。四十五分の試験なら、その四十五分がどれだけあるのかを量で想定します。あの円の四分の三だというふうに。**頭がよい人は、時間を瞬時に量として思い描くことができます。**試験で時間配分のうまい人は、それをやっているのです。この問題に時計の円の八分の一、この問題には八分の三といったように。

これに対して中世の哲学者アウグスティヌスは、心理的時間論を展開しました。過去・現在・未来とは、各々記憶・注目・予期のことであるといいます。つまり、時間はこのようなかたちで心の中に存在していると主張するのです。

たしかに時間が意味を持つのは、自分にとって物事の順序をはっきりさせることができるからです。私たちは自分自身が行為したり、あるいは身の回りで何かが起こるとき、過ぎ去ったこと、いま現に起こっていること、これから起こり得ることの三つに区別する傾向があります。

必ずしも意識的ではないにせよ、時間の中で生きている人間である以上、少なくともこの三つを区別して思考し、行動しているのです。「昨日、散髪をした」というときは、昨日という過去の話をしています。だから過去形の表現を使っているのです。そうでなければ、「昨日、散髪をする」と表現してもいいでしょう。時間という概念が心にない人なら、そういうのかもしれません。

時間とはそのようなものだというのです。後はこの三つが無限に細分化されるだけです。たいがいは分単位か秒単位まででしょうが……。

このアウグスティヌスの発見はとてつもなく大きなものであったといえます。なぜなら時間が相対的なものになり得るからです。つまり、人によって流れる時間の感覚が異なることを説明できるようになるのです。

時間と空間

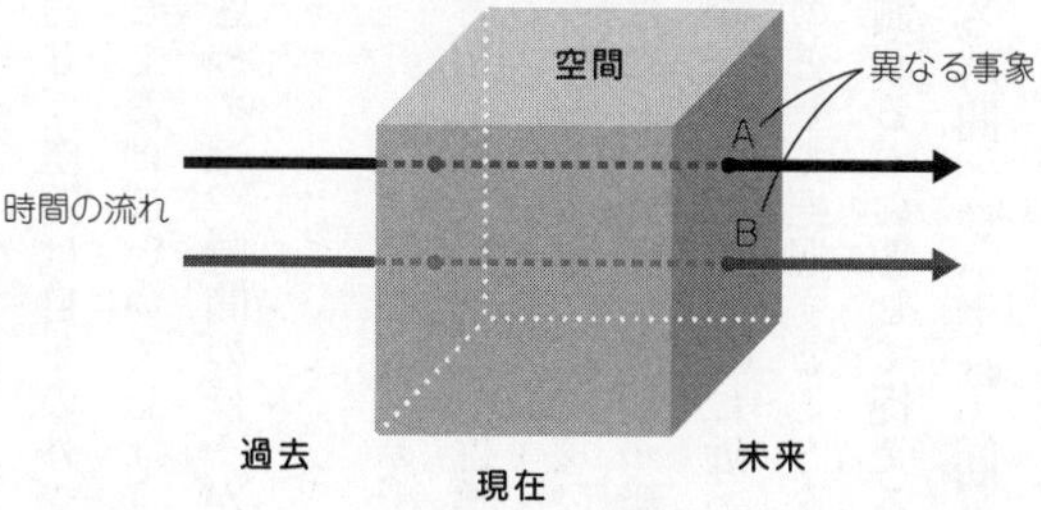

カントによると、時間と空間はともに、人間が物事を認識する際のモノサシのようなものでした。すでにご紹介した彼のカテゴリー論の前提のようなものです。このモノサシがないと、物事を頭の中で整理することなどできないのです。その意味で、時間や空間は、すべての物事の認識の前提条件になるといえます。

ただ、時間も空間も、互いに依存するかたちで人間の感性を構築しますが、両者は決して同じものではありません。

時間は自己直観を与える形式、すなわち内官《ないかん》の形式であって、外官《がいかん》の形式である空間とは区別されるといいます。少し難しいですが、いわば時間が自分の内部で生じる物事の認識を整理する際に使われるのに対し、空間は自分の外で起こっている物事の認識を整理する際に使われると理解しておけばいいでしょう。それゆえ、人間の内面の行為である認識という作業にとっては、時間のほうが空間より原理的な意味を持っているともいえます。

以上に対して、フランスの哲学者ベルクソンは、時間の本来形態は空間との共通点のない「純粋持続」であるといいます。純粋持続というのは、抽象的な時間の観念ではなく、実際に人間が経験する具体的な時間の相を指しているのです。アウグスティヌスの時間論に近いですが、逆にアリストテレスのように、時間を測れるものとして把握することを非難します。

時間を測れるものとして捉えることは、空間の概念と同視することであり、人間が生きる時間、ひいては人間の生活を等質なものに貶《おとし》めてしまうというのです。彼にとって時間とは、決して等質ではない主体の自由の根拠なのです。**頭が**

よい人は、時間が人によって異なる概念であることを押さえているのです。

だから、杓子定規《しゃくしじょうぎ》に他者の時間感覚を把握しようとはしません。例えば頭がよい上司は、部下によって同じ一時間でも疲れ方の違いがあることをわかっているので、皆を同じように扱おうとはしないものです。

このようなベルクソンの考えを極めたのが、ドイツの哲学者ハイデガーによる時間の概念でしょう。彼は時間を、人間存在が自らの存在に関心を抱くあり方から了解することだとしました。

つまり、時間には根源的時間、世界時間、今時間という三つがあるといいます。日ごろ私たちは今を起点とした日付のある通俗的な時間を生きています。「今」とか「あのとき」という場合、私たちは世界の中の一部として位置づけられ、埋もれてしまっているのです。これが世界時間です。それがさらに抽象化されたものが「今時間」です。

これに対して、人間は死という人間の有限性に気づいたときにはじめて、時間というものに自覚的になり、未来を見据えて積極的に生きるようになります。このように把握された時間こそが根源的時間です。

このハイデガーの時間概念が、自分で人生を切り開いていくという意味の「実存主義」と深く結びついていることは明らかでしょう。その意味で、時間概念が哲学と完全に結びついた瞬間であるともいえます。

では、空間はどのように論じられてきたのでしょうか。まず古代ギリシャの哲学者プラトンの考え方から見ましょう。彼はイデアに基づいて物体をつくり出すための場、「コーラ」という空間を想定しました。したがって、これは必ずしも私たちの思い描いている客観的概念としての空間、物質としての空間ではありません。

空間とは物質であるとする延長＝物質説を唱えたのはデカルトです。こうして空間が物質的なものとして描かれるようになったのです。彼に続くライプニッツは、これを同時に存在する事物間の秩序であるといいました。

つまり空間とは、表象と表象の間の関係（人の認識した複数のものの位置関係）によって規定される、事物同士の相対的な秩序にすぎないというわけです。関係性としての空間概念とでもいいましょうか。これらの立場は、すべての運動を記述する基準としての静止空間＝絶対空間を唱えるイギリスの自然哲学者ニュートンの立場に反するものでした。

これに対してカントは、同じくニュートンの絶対空間を否定しつつも、時間のところで述べたように直観的な認識のための形式として空間を捉えました。人間は動物と違って抽象的な空間を考えることができ、これによってはじめて科学を実現することができるようになったのです。

その他フランスの哲学者メルロ＝ポンティが、空間とは人々が相互に了解し合えるための共通のマトリックスとしての「肉」であると表現しました。自分が理解するというだけでなく、他者と理解を共有するためには、たしかに共通の認識が必要です。

「東京ドーム一〇個分の広さ」などと表現されることがありますが、東京ドームという空間の規模が共通の認識としてないと、この場合の共通理解は不可能です。**頭がよい人はこういう説明の仕方がうまいですね。その場の誰もがわかるであろう共通のモノサシを瞬時に設定し、それを使って説明するのです。**

さて、このように時間にしても空間にしても、哲学者によって主張する内容が異なるわけですが、まとめると、やはり物事を把握するためのモノサシだということができるのではないでしょうか。

ただ両者の違いは、時間が順番に生じる秩序であるのに対し、空間とは同時に存在する秩序だという点でしょう。したがって、同じモノサシでも性質が異なる以上、両方をうまく組み合わせて物事を考える必要があります。時間だけでも不充分だし、空間だけでも不充分なのです。時間と空間の組み合わせによってはじめて、異なる事象が特定できるのです。

④イデア：物事の正体を見抜く

頭がよい人は物事の裏にある正体を見抜くのが得意です。どんなものでも見たまま信じるのではなく、何か裏があると見るのです。そうしてそれを見抜きます。裏というと悪いものであるかのようですが、要は真の姿です。これを古代ギリシャの哲学者プラトンは、イデアと呼びました。彼の哲学の中核をなす概念で、もともとは物の姿や形を意味しています。ただ、形といっても私たちの目に見える形ではなく、いわば心の目によって洞察される物事の真の姿、事物の原型を指しています。

感覚によって捉えられるものは移ろいゆくものですが、イデアは永遠不滅の存在なのです。そしてあらゆる物事はイデアの影にすぎないため、私たちには本当の姿を見出すことが求められます。

例えばバラにはバラのイデアがあり、円には円のイデアがあります。だからバ

物事の裏にある正体を見抜く

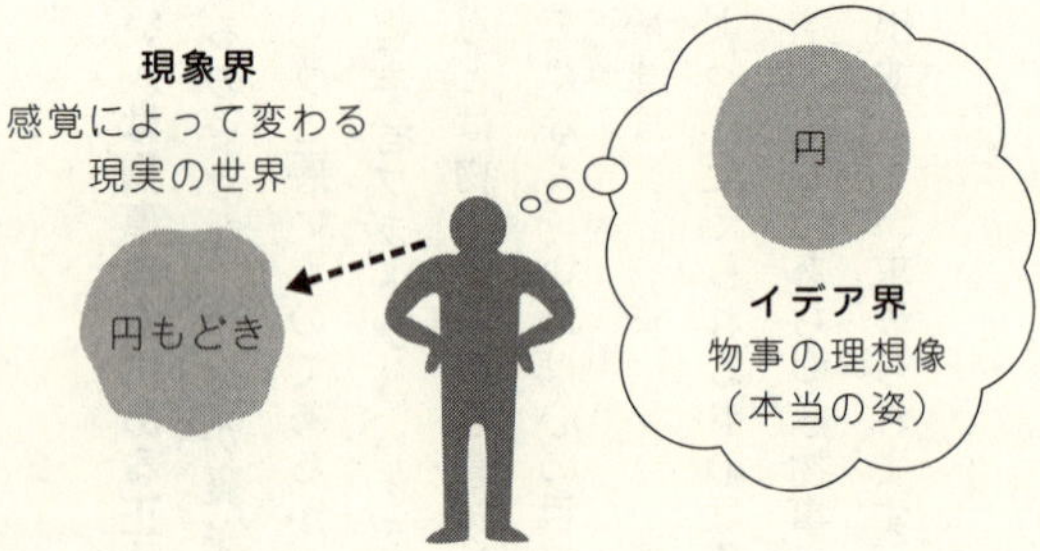

ラのつぼみを見ただけで満開のバラを思い浮かべることができるのです。また、がたがたの円を見ただけで、きちんとした円を思い描くことができるのです。これは頭の中にバラや円のイデアが存在するからにほかなりません。つまり、イデアというのは物事の理想像なのです。それは、理性によってはじめてきちんと捉えることのできるものなのです。

プラトンは、こうしたイデアによって構成される永遠不滅の世界と、感覚によって捉えられる現実の世界を区分しました。前者がイデア界、後者が現象界です。絶えず変化する現象界は、永遠に変わることのないイデア界を模範として存在しているといいます。これが現実と理想の二元論的世界観と呼ばれるものです。現実の世界は、常に理想の世界をお手本にして存在すべきだという発想に基づいています。

そういう目で見てみると、実際に私たちの身の回りの世界は怪しいものばかりです。新聞でさえそうです。紹介した論文は嘘でしたとか、掲載した写真は別人でしたとか。いったい何を信じればいいのか？　頭がよい人はそんなことはわかっていますから、一つの情報を鵜呑みにすることはありません。そうです、**心の目で見るためには、つまり頭で考えるためには、情報源を増やす必要があります。**そのうえで、何が本当のことなのか、物事の背景にも目をやりながら導き出すのです。

⑤運動として捉える：動いている途中として見る

頭がよい人というのは、ある意味で超人です。どういうことかといいますと、普通の人とは違うものの見方ができるからです。例えば止まっているものを動いていると見ることができるのは、もう超人の域ですね。ただ、物事の本質を見抜くには、そうした視点が求められるのです。そこで、物事を運動状態として見る必要が生じます。

運動とは、広義には物体の変化一般を指しますが、狭義には物体の場所的な変化をいいます。アリストテレスは運動の原理によって、自然のメカニズムを解明しました。彼によると、自然とは運動と静止の原理にほかなりません。この場合の運動は、生成消滅、変質、増大と減少、場所的な変化を指しています。

なんといっても、物事が動いているという点に目をつけたところがすごいですね。普通は肉眼で見ていて明らかな変化がない限り、そこに運動があるなどとは

普通の人とは違うものの見方をする

花の変化を運動として捉えられるかどうか

思えませんから。何日も観察していると、どうも変化が見られる。しかしこれを運動だと捉えるのは、**「頭でものを見て」はじめて可能になることだといえるでしょう。**

朝顔の観察の例を前述しましたが、実際にテレビの科学番組などで、植物の成長を撮ったビデオを何百倍もの速度で再生した映像を見て驚くことがあります。見る見るうちに種が苗になり、苗がつぼみに、つぼみが花になり、やがて枯れていきます。そんな姿はこのような特殊な見せ方をされてようやく理解できるものです。

目の前にある鉄が、何日もたって錆びてくる。あるいは木製の机が何年もたって朽ちてくる。こうした自然現象までも運動と捉えることができるのは、よほどの観察と考察があってのことです。その意味でアリストテレスの功績は大きいといえます。

その後イタリアの科学者ガリレオやデカルトの原子論的、あるいは機械論的な運動論、ニュートンの絶対運動論、ドイツの物理学者アインシュタインによる四次元系における諸物体間の相対的な運動論が続きます。ただ、これらは科学的な運動論であるといっていいでしょう。物理的に運動のメカニズムを説明したものです。

ここで問題にしたいのは、あくまでも運動とは何かという哲学的な考察です。その意味では、ヘーゲルの運動論が実に哲学的です。彼の運動論の特徴は、運動を物質の本性と捉える点です。つまり、物質というものは、空間の中で時間の経過とともにそこに存在しています。そして、空間の中で時間の経過とともに存在するというのが運動なのです。

さらにヘーゲルは、物事の本性は矛盾であり、矛盾こそ運動の源泉であると説きました。これは次に紹介する弁証法の基本的考え方です。弁証法では、矛盾を原動力として物事が発展していきます。矛盾が物事を発展させる力、すなわち運動になっているのです。

⑥弁証法：マイナス要素をプラスに転じる

頭がよい人は問題の解決が得意です。問題点や矛盾点をうまく解消し、誰もが納得のいく答えを導き出します。それは単なる妥協ではなく、発展的な第三の道といっていいでしょう。妥協とは何かを諦《あきら》めることであって、それでは周囲の納得を得るのは困難です。実は、この頭がよい人のやっている問題解決思考こそ弁証法にほかならないのです。

哲学の世界で弁証法といえばヘーゲルなのですが、彼の思想を一言で表現すると、「発展」という言葉がぴったりではないかと思います。主著である『精神現象学』でも、意識がより高次のものへと発展していく様を描いていますし、社会哲学分野の代表的作品『法の哲学』でも、権利あるいは共同体が発展していく様を描いているからです。講義録を見ても、例えば彼の「歴史哲学」は発展史観がベースとなっています。

そして、彼の論理学の基本となっているのは、まさに物事が発展していく様を説明するこの「弁証法」なのです。このように、ヘーゲルの哲学はすべて物事が発展していく構成をとっているといえます。そして、その中心となる理論が弁証法なのです。

問題が生じたときに、それを克服して、さらに一段上のレベルに到達する思考方法を指します。これによって**一見相容《あいい》れない二つの対立する問題を、どちらも切り捨てることなく、よりよい解決法を見出すことができるのです。**

弁証法で矛盾点や問題点をうまく解消！

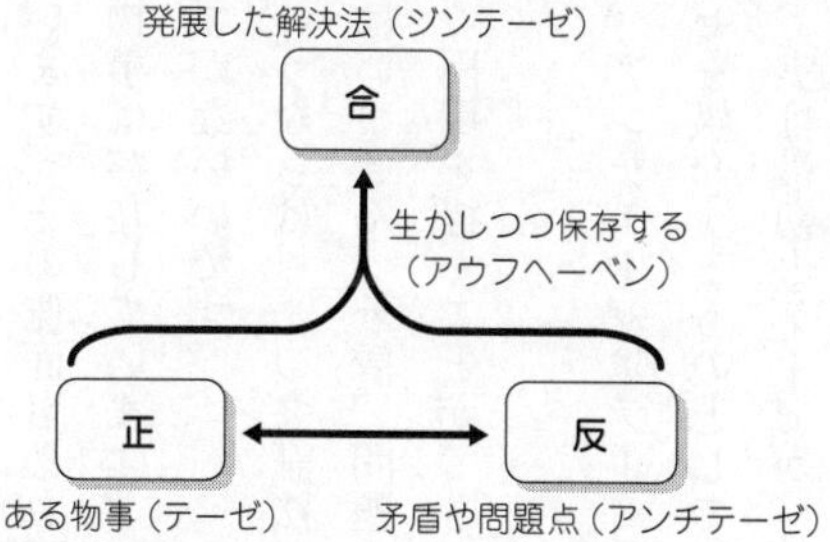

ヘーゲルの弁証法は、「正→反→合」、あるいはドイツ語で「テーゼ→アンチテーゼ→ジンテーゼ」などと表現されます。止揚《しよう》するとか、アウフヘーベンするとかいわれることもあります。いわば問題点を生かしつつ保存しようというのです。

つまり、ある物事（テーゼ）に対して、それに矛盾する事柄、あるいは問題点が存在するような場合に（アンチテーゼ）、これらを取り込んで、矛盾や問題点を克服し、より完璧に近い、発展した解決法（ジンテーゼ）を生み出すという方法です。

これは単なる二者択一による妥協や折衷案《せっちゅう》とは違います。物事は何でも矛盾を抱えています。正の側面もあれば、他方で必ず負の側面も有しているのです。それでも物事は存在しています。いい換えるならば、いかなる問題も乗り越えられないはずがないのです。

さらにいうならば、この弁証法のプロセスは一回きりで完結するものとして想定されてはいません。矛盾、問題点は常に生じてきます。したがって、そこには永遠に続く円環を描くことができるのです。

つまり、アンチテーゼはテーゼの否定ですが、それと同時にさらなるテーゼとジンテーゼを媒介するものとしても位置づけることができるのです。このように捉えると、実は最初のテーゼが、抽象的なレベルではあるものの、その後の展開をすべて内包しているともいえます。あたかも種子が結実した果実をすでに内包しているように。

ヘーゲルの具体例でもっともわかりやすいのは、共同体の発展形式です。ヘーゲルは『法の哲学』の「人倫」章の中で、家族、市民社会、国家という共同体の発展形式を描いています。家族というのは最初の人の集まりです。ここで形成された個人が、世の中に出て活動を行うのです。

例えば市場で分業し、また競争を行うのです。ただ、市場では個々人の間に分裂が生じます。その典型的な表れが貧困問題でしょう。こうした市民社会の分裂は、国家によって統一されるに至ります。

もうおわかりのように、ここでいう家族がテーゼであり、市民社会がアンチテーゼ、国家がジンテーゼに対応しています。そして家族は抽象的なかたちで最初から国家を内包しているのです。

こうしたヘーゲルの弁証法は、あたかもあらゆる物事を一つに収斂《しゅうれん》させ、同一性を強制するものであるかのように非難されることがあります。しかし、ヘーゲルのいう思考法としての弁証法が目的とするのは、決して同一性の強要ではありません。そうではなくて、あくまでも矛盾や未解決の問題といった負の要素を、肯定的に捉え直すための技法なのです。少なくともそのように解釈することは可能です。

いわばそれは新たな視点をつくり出すことでもあります。したがって大切なのは、マイナス要素をプラスに変える転換の部分です。そしてその際、矛盾や否定を「原動力」と捉える点が特徴です。

この原動力があるからこそ、よりよい答えを生み出すことが可能になるのです。弁証法的解決というのは、常にいったんマイナスの状況を抱えます。諺《ことわざ》でいうなら、「禍《わざわい》を転じて福となす」「雨降って地固まる」「けがの功名」といったところでしょうか。

だから、テーゼの提示だけでは足りないのです。アンチテーゼの提起が必要なのです。そして、この両者がぶつかり合うときにはじめて弁証法はアウフヘーベン（止揚）というかたちで威力を発揮するのです。

⑦差異として捉える（否定弁証法）：差異を重視する

頭がよい人は、何でもかんでも一つにまとめようとはしません。先ほど紹介した弁証法は、まさに一つにまとめる思考法でしたが、場合によってはそれが負の効果をもたらすこともあるのです。例えば、せっかく違うニュアンスになっているものを一つにしてしまうことです。企画などでもそうですね。A案とB案は微妙な違いがあって、そこがいいところなのに、強引に一つにまとめてしまうということです。

そこで、差異を差異のまま残しておこうとする思考が否定弁証法です。否定弁証法とは、まさにヘーゲルの弁証法を否定する内容の哲学であるといえます。つまり、弁証法が矛盾を乗り越えて一つにまとまろうとする論理であったのに対して、否定弁証法はそれを拒もうとするのです。

これはドイツの哲学者アドルノが提起した概念です。彼の思想を貫くのは、

「非同一的なもの」という概念です。簡単にいうと差異のことです。彼は哲学的思考の「批判的自己反省」によって、同一的なものから非同一的なものへの転換を試みようとしたのです。

そもそもアドルノ自身は、この概念が逆説的なものであることを認めています。彼はこういっています。「否定弁証法という言い方は伝統に逆らう。弁証法は、すでにプラトンのもとで、否定という思考手段を通じて、ある肯定が回復されることを意味していた。後日、否定の否定という形容がこのことを簡潔にいい当てることになる」と。

アドルノは、こうした「肯定的な本質」から弁証法を解放すると宣言するのです。彼の理解によると、弁証法が前提とする認識や思考というのは、目の前の対象と頭に描く概念の同一化を意味します。思考とは同一化にほかならないのです。どうしてそれがいけないのかというと、同一化してしまうと、異質で多様な他なるものを、都合よく変形させてしまうことになるからです。それは対象への概念の強制であって、暴力にほかならないのです。

否定弁証法で「決めつけ」から自由になる

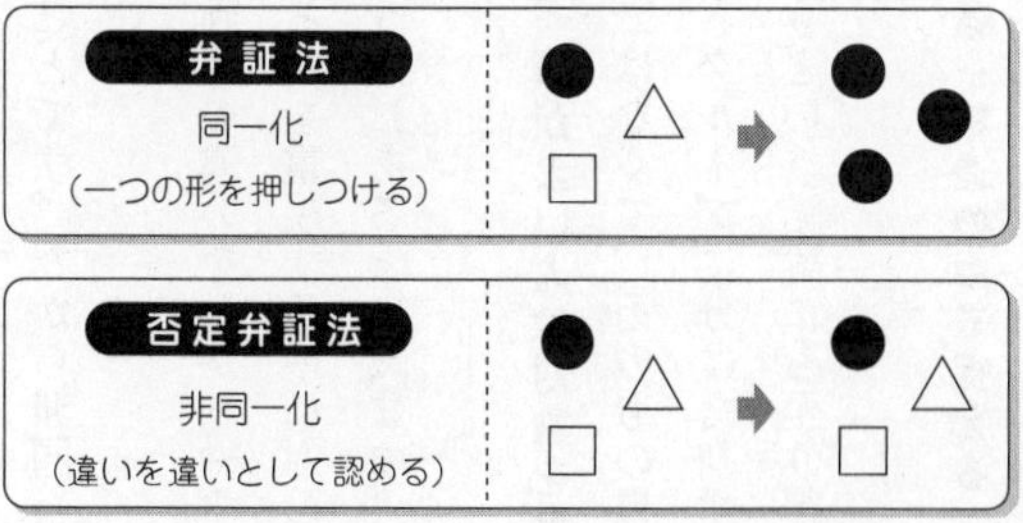

とはいえ、思考というのは、目の前にある対象と言葉の概念を同一化、つまり一致させることなしに成り立たないのも事実です。そこで私たちが目指すべきなのは、暴力を伴わない同一化ということになります。そのためには、普遍的であったり抽象的であったりする「同一的なもの」を目的にするのではなく、むしろ「非同一的なもの」を目的にすればいいのです。同一化というのは一つの形を押しつけることにほかならないからです。

問題は、非同一的なものを目的にしていると宣言してしまうと、その瞬間、非同一的なものがまるで同一的なものと同じように、押しつけになってしまう危険性があることです。だから非同一的なものは、あくまで潜在的に目指される必要があるのです。

最後に両者の違いをわかりやすくまとめると、同一性思考が、ある物がどの集団に属するかを重視するのに対して、非同一性思考は、そのものの個別性を重視するという点にあるといえます。あくまでその物に着目するわけです。

つまり、頭がよい人は対象を考察する際、予《あらかじ》め決めつけを行うことはしません。そうではなくて、そのもの自体の存在に着目して、その結果として一つにまとめたり、グループに分けたりするのです。だからこそ、まとめずにそのままにしておこうという結論にも至り得るのです。

⑧構造主義：構造の中で捉える

構造主義

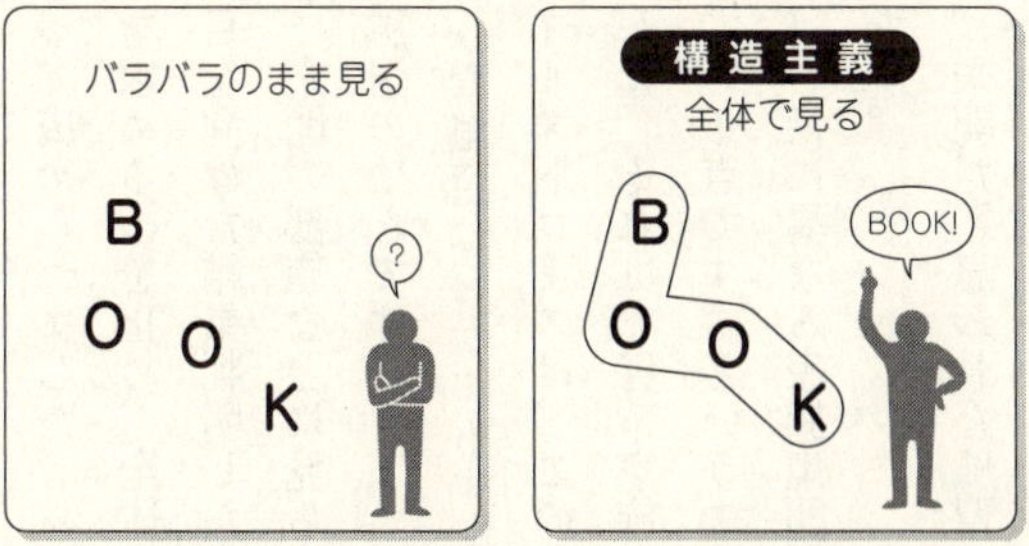

頭がよい人は、物事を全体の中で捉えることができます。木を見て森を見ずといいますが、目の前の現象だけにとらわれていては、本質は見えてきません。何事も、他の物との関係の中で存在しているのです。もっというならば、全体の中で存在しているのです。その全体は、構造と呼ぶことができます。したがって、**いかにして構造を見抜けるかが、物事の本質をつかむうえで重要になってくるのです。**

ここで紹介する構造主義というのは、物事や現象の全体構造に目を向けることで本質を探ろうとする思想です。一九六〇年代、文化人類学者のレヴィ=ストロースによって広められました。レヴィ=ストロースの基本的な発想は、現象の部分に理由を求めるのを止め、全体を構造として見ようとするものです。

構造に目を向けた結果判明した事実としてもっとも有名なのが、交叉《こうさ》イトコ婚の例です。未開の部族などに見られる、男性とその母方の交叉イトコの女性を結婚させる風習のことです。

このような風習はいかにも未開な社会ならではのように思われていたのですが、レヴィ=ストロースは、このシステムの全体構造に目をやることで、ある発見をしました。それは、男系家族の男子にとって、母方の叔父の娘は別の家族集団に属している点です。ということは、この関係にある男女が結婚する仕組みにしておけば、常に異なる家族集団間で人の交換が行われ、部族の存続を図れるというわけです。

つまり、未開だと思われた風習は、全体構造を見てみると、意外にも高度なシステムを形成していたわけです。このように、構造主義は物の見方であり、思考の方法論であるといえます。

例えば、ニュースを見てください。なぜTPP（環太平洋戦略的経済連携協定）に反対するのか、なぜ移民の受け入れに反対するのか、なぜ英語の公用語化に反対するのか。いずれもそれ単独で見ていては、おそらく本質が見えてこないと思います。TPPに反対するのは農業を守るため？　移民を受け入れたくないのは治安が悪くなるから？　英語の公用語化に反対するのは日本文化が失われるから？　本当にそうなのでしょうか？

これらを全体構造の中で眺めてみてください。おそらく日本人の閉鎖的な性格が浮かび上がってくるのではないでしょうか？　それが本質です。

⑨因果関係：原因と結果の関係として見る

因果関係は哲学的概念というわけではありませんが、改めてその重要性を訴え

原因のない結果はあり得ない

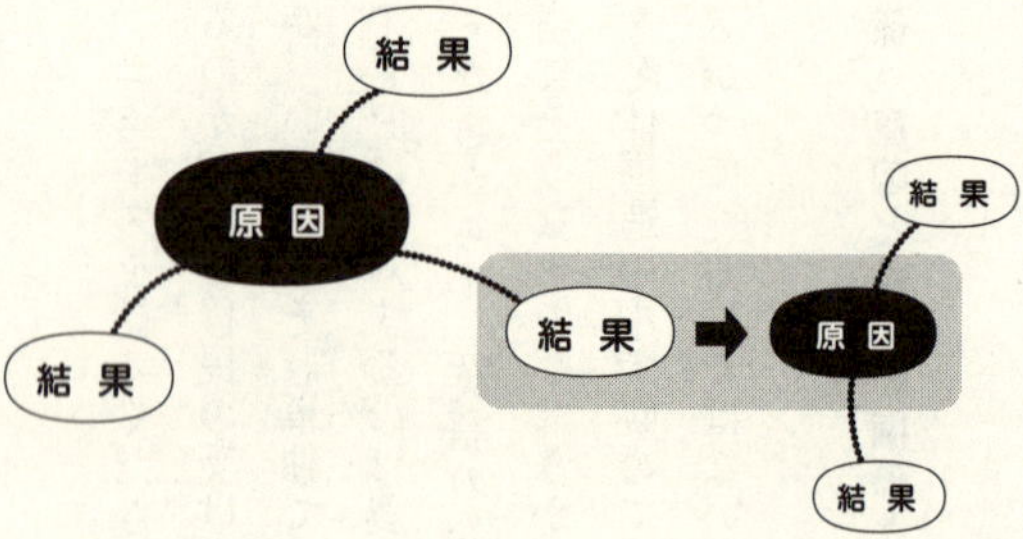

ておきたいと思います。**頭がよい人は何でも原因と結果の関係で捉えることができるものです。**そうすることではじめて、対象となっているものが存在する理由も見えてきます。

神の本質でさえそうです。哲学には神の存在証明という論点がありますが、この因果関係を使って説明する説が説得的です。つまり、物事には原因があり、その原因をさかのぼっていけば必ず究極の原因があるとするものです。その原因が神だというのです。

論理のマジックのような話ですが、わからないこともありません。物事には原因があるというのはそのとおりでしょうから。

例えば私たちの身の回りに起こっていることも、何らかの原因があるはずです。なぜ私が哲学を志すようになったのか。直接的には三十歳を過ぎてから哲学との偶然の出会いがあったわけですが、実はその前に二十代後半をフリーターとして悶々《もんもん》と悩み続けていた日々があったからだと思います。

原因のない結果はあり得ません。問題となっていることの原因を探ろうとしてみてください。きっと本質が見えてくるはずです。

⑩人間にとっての意味：人間の存在を前提に考える

これもまた哲学的概念というわけではありませんが、人間が哲学をする以上、物事の本質といっても、やはりそれは人間にとっての本質ということになると思うのです。仮にそれが客観的なものであったとしても、人間にとって……という

人間にとっての意味

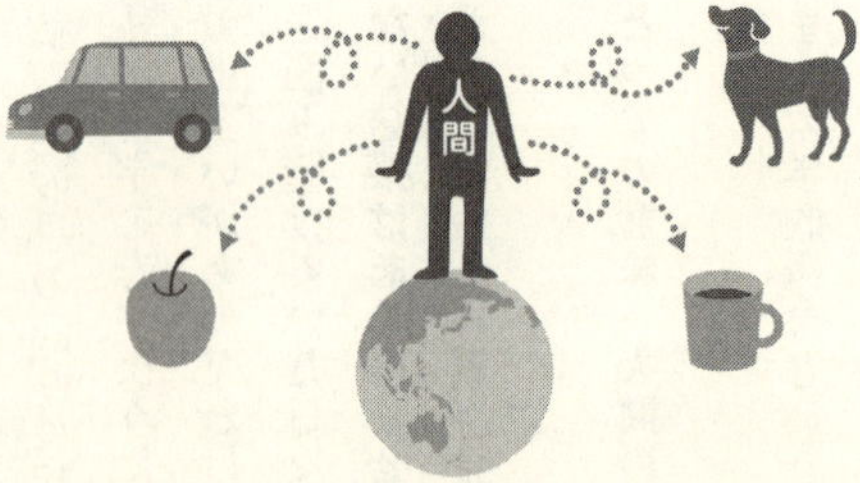

これらはすべて人間にとってなんらかの意味がある

前提がつきまとうに違いありません。

これは人間中心主義というのとは異なります。何でも人間中心に考えようとするのではなくて、不可避的にそうなるといいたいのです。例えば地球の環境問題を考えるとき、動植物を中心に考えることはできます。そのとき私たちは、地球とは生命の源であると表現することができるでしょう。

でも、それは人間が存在することを前提としているのであって、人間以外の動植物のために、人間の生存を犠牲にするという発想はないといえます。あくまで人間が存在することが前提なのです。

4日目

まずは一〇〇通りの物の見方で頭をほぐそう

なぜ頭をほぐす必要があるのか？

目の前にリンゴがあるとしましょう。いまからそのリンゴの本質を考えることにします。まず、あなたなら何をしますか？　見つめる？　リンゴ、リンゴとつぶやいてみる？　でも、いくらリンゴを見つめていても、リンゴとつぶやいてみても、それだけでは本質は浮かび上がってきません。

本質をつかむためには、まずリンゴをいろいろな角度から見る必要があります。これが四日目の目的です。**物事の本質をつかむためには、複数の側面から対象を眺めることが大前提です。頭がよい人は皆それが得意です。いろいろなものの見方ができるのです。**

このように聞くと、立ち上がって見るとか、近くに寄って見るとかいうのを想像した人が多いと思います。もちろんそれも一つの方法です。

ここでのポイントは、頭をほぐすことです。頭をほぐすことによってはじめて、リンゴをもっといろいろな角度から見ることができるようになるのです。それは単に自分が動くというレベルの話ではなく、例えば頭の中でそのリンゴを割ってみて中身を見るとか、違う色にしてみるとかいうことも入ってきます。

そう、頭の中でリンゴを様々な状態に置いてみるのです。もちろん実際にやってみてもいいですが、割ったり、色を変えたりするには、リンゴがいくつも必要になってきますよね。それにサイズを一〇〇分の一にしてみるなどというのは、もはや想像でしかなし得ません。これに対して、頭の中であればなんとでもなるはずです。おそらく誰でも一〇〇通りくらいの見方が楽にできるはずです。

さらに一歩進んで頭をほぐすためには、常識を疑ってみることです。私たちの頭は常識で凝り固まっています。だからいくら違った角度から物を眺めてみても、せっかく違って見えているものを見過ごしてしまったり、違いを軽視してしまったりするのです。

そこを克服するのが常識を疑うという訓練です。例えばリンゴなら果物だと決

まずは100通りの物の見方で頭をほぐそう

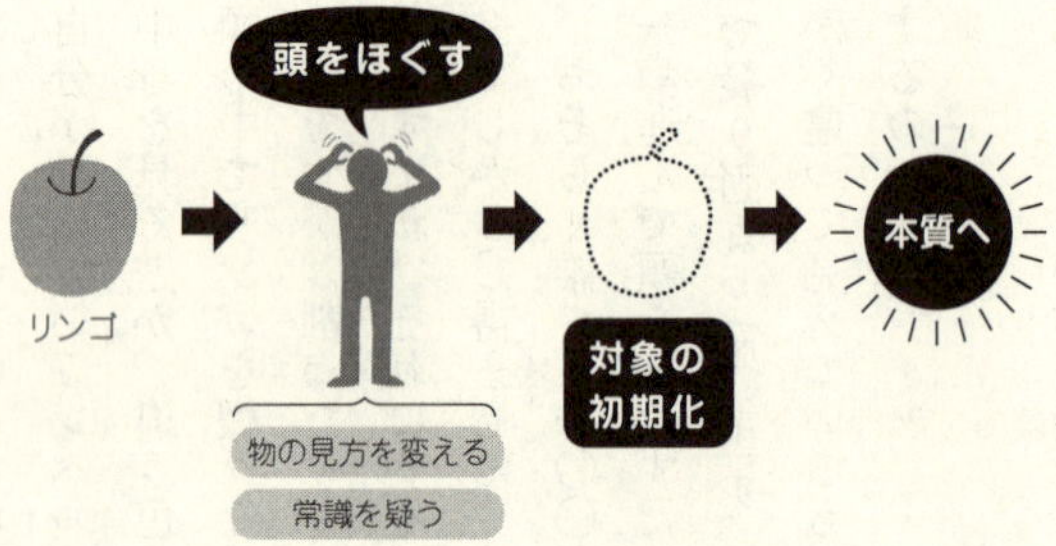

めつけていますが、これを肉だと捉えるとか、宇宙人のウンコだと捉えるとか。それくらいやらないと、頭はほぐせません。

こうして頭をほぐすと、実は対象のほうもほぐされてくるのです。いわば対象が相対化されるということです。リンゴがただのリンゴではなく、何にでも変身する万能の存在に思えてくるはずです。

iPS細胞を開発した山中伸弥・京大教授がノーベル賞を受賞しましたが、iPS細胞は万能細胞と呼ばれます。なぜなら、細胞が何にでもなり得る状態に初期化されたものだからです。それと同じで、頭をほぐすことによって、対象は何にでもなり得るくらい初期化されてしまうわけです。いまやリンゴはあなた次第で何にでもなります。

ただ、ここでやっていただきたいのは、別にリンゴをiPS細胞のように心臓にしたり、ましてやシンデレラのかぼちゃのように馬車に変えたりすることではありません。ここでリンゴのイメージをフニャフニャにした後は、リンゴの本質を探ることが求められるのです。

物の見方を変える

もう少し具体的に頭のほぐし方について見ていきましょう。先ほども書いたように、**見方を変えることで、同じ物でも違ったふうに見えてくるものです。**

まず次ページの絵を見てください。この絵は何に見えますか？　老婆？　振り返った若い女性？　これは有名なだまし絵なのですが、どちらも正解です。つまり、どこに着目するか、どういう見方をするかによって、同じ絵でも見え方が異

この絵は何に見える？

「嫁と義母」W.E. ヒル

なってくるのです。基本的にはこれと同じことをしてみようというわけです。

さて、物事にはどんな見方があるでしょうか？　ちょっと例を挙げてみましょう。例えば裏側から見る、宇宙から見る、虫眼鏡で見る、分解してみる、百年後に見る、赤ちゃんの視点で見る、神の視点で見る、歴史の中で見る、総理大臣の視点で見る、色を変えてみる、大きさを変えてみる、二次元にしてみる、一度捨ててみる、くしゃくしゃにしてみる、素材を変えてみる、他の人の気持ちになってみる……。

いかがでしょうか？　これなら一〇〇

100通りの物の見方

通りどころか無限に広がりそうな気がしてきませんか？　要はこういうことなのです。何でもいいから、**とにかくいろいろなやり方で一つの物を捉えようとしてみることが大事なのです。**

歴史上の哲学者もこうした物の見方をしてきました。すでに紹介したように、ドイツの哲学者カントが、物の本質を捉えるために「カテゴリー」と呼ばれる分類表をつくったのはそのためです。彼は物事を認識する際のメカニズムにこだわった人物です。人はどうやって物事を認識しているのだろうかと……。

そこで彼が用いたのがカテゴリーだったのです。**人間は頭の中に何らかのモノサシがないと、物事を理解することなどできません。**そのために、複数の指標を設けたのです。もちろん一〇〇通りとまではいきませんが、それでも複数の視点から物事を捉えようとしたのは事実です。

さて、それではリンゴの例に当てはめてみましょう。例えば歴史の視点で見ると、聖書に出てくるあの知恵の実という要素が加わってきます。つまり、リンゴは単なる果物ではなくなってくるのです。あるいは色を白などに変えてみると、なんだかインパクトが薄れますね。つまり、リンゴにとってはインパクトという要素が重要なのです。こうしてリンゴはどんどんほぐされていくのです。

では、具体的に本書の冒頭で掲げた例題「幸福とは何か?」という問いに当てはめて考えてみるとどうなるでしょうか。幸福についてもいろいろな見方ができるはずです。

普通は、私にとって幸福とは何かと考えますね。それを他人にとってはどうだろうか、人間一般にとってはどうだろうか、いや、他の生き物にとってはどうだろうかと考えてみるのです。そうすると、私にとってはお金や時間がたくさんあることだというイメージだったのが、ある国の人にとっては戦争が終わることであったり、絶滅危惧《きぐ》種の動物にとっては自然が保護されることというふうに内容が変わってくる可能性があります。

あるいは色として見てみると何色なのか、英語にしてみるとどうか、百年前にさかのぼって考えたらどうか、逆に百年先の未来に行って考えたらどうかなどというのも面白いかもしれません。百年前にも百年後にも共通する幸福があれば、きっとそれは幸福の本質なのでしょう。

ちなみに英語だと幸福はhappinessですが、hapというのは「たまたま起こる」という意味です。ということは、幸福もたまたま起こることなのかもしれませんね。さて、こんなふうに幸福をどんどん立体的に見て、「ほぐしていく」ことができるのです。

常識を疑う

次に常識を疑うのです。それは固定観念を捨てることを意味します。**頭がよい人ほど、常識を疑う力を持っています。なぜなら、それは大変なことだからです。**誰が雪は熱いと考えますか？　誰が人間に水は不要だと考えますか？　**でも、それが新発見の始まりであり、本質をつかむための糸口となるのです。**

フランスの哲学者デカルトは、まさにこの方法によって、物事の本質を捉えるための確固たる方法を発見しました。もともとデカルトは、科学の根拠さえも疑わしくなってきた時代に、何か一つくらい、決して疑うことのできないしっかりとした核のようなものがあるのではないかと考えた人物です。

そしてその核を発見するためにこそ、逆に徹底的に疑うことにしたのです。いつか疑えないものが見つかるだろうというわけです。その疑いぶりは徹底していますす。人間は実はロボットじゃないかとか、存在しないんじゃないかというふうに。もはや常識を疑っているとしかいいようがありません。

そうやって彼は、最終的に「我思う、ゆえに我あり」というスローガンで有名な、絶対不動の私の意識を発見したのです。私の意識は絶対に疑えないゆえに、物事の本質だというわけです。

ここで常識を疑う例についていくつか挙げておきましょう。例えば、有るものを無いとする、反対のことを言う、食べられないものを食べられるとする、変化しないものを変化するとする、正しいことを間違いとする、役立つものを役に立たないとする、公共のものを自分のものとする、状態を行為にする……といった具合です。

大まかにいうなら、自分が日ごろ思っていること、知っていることの正反対の立場に立てばいいのです。リンゴの例でいうなら、食べられないとみなしたり、変化しないとみなすことです。

通常リンゴは食べられますし、変化もします。でも、そうは捉えないことで、果物を超えたリンゴの意義が浮かび上がってくるわけです。

常識を疑う

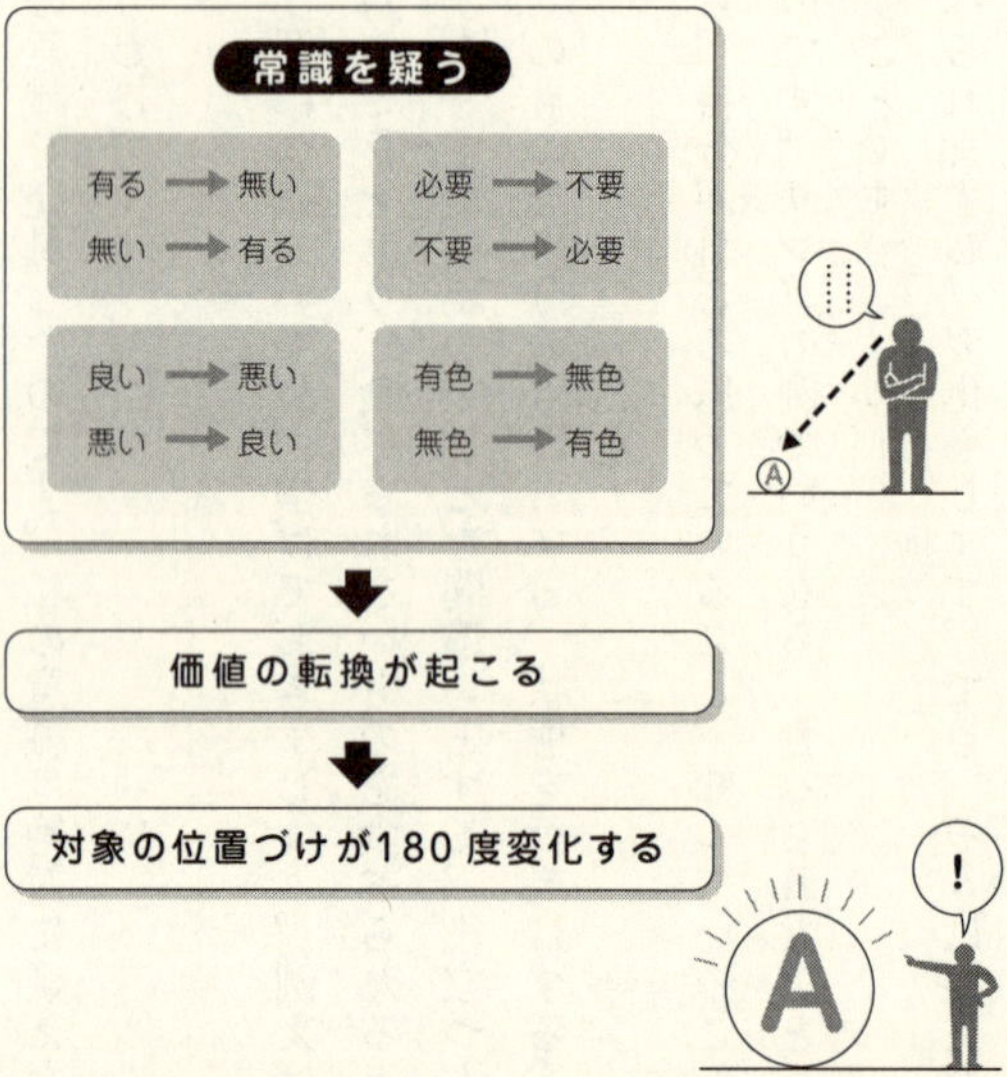
常識を疑う
有る → 無い
無い → 有る
必要 → 不要
不要 → 必要
良い → 悪い
悪い → 良い
有色 → 無色
無色 → 有色
価値の転換が起こる
対象の位置づけが180度変化する
A
!

かくして、見方を変えられ、常識という前提を疑われたリンゴは、もはや私たちの知っているリンゴではなくなっています。それは、非常に豊かな性質を持った魅力的な物体にほかなりません。次に私たちがする作業は、このリンゴの豊かさを分析していくことです。**リンゴという言葉にまつわるあらゆる要素を並べたてることで、リンゴの概念はきっとあなたの頭の中でたわわに実り始めることでしょう。**

さて、最後にこれも「幸福とは何か?」という例題に当てはめておきます。幸福について日頃私たちは、なかなか手に入れられないものだと考えています。それを当たり前の存在にしてしまったらどうでしょう? 空気のように。なんだか違和感がないですね。もしかしたら、私たちが思い違いをしているだけで、幸福とはもともと空気のようなものなのかもしれません。

あるいは、幸福はいいものだと思い込んでいますが、嫌なものだと考えてみたらどうでしょう？ 嫌な幸福って？ 他人の幸福？ でもそれはうらやましいだけですよね。では、人を傷つけて幸せを感じている人の幸福は？ それは嫌ですね。しかも、それって幸福なのかなぁと考え込んでしまいます。そこが幸福の意味を考える際、大事になってくる点なのです。

幸福についてのイメージがだいぶ膨らんできたのではないですか？ 膨らみすぎて爆発しそうな人もいるかもしれませんね。ご安心ください。その膨らんだ頭をじっくりと整理して、最後はすっきりと回答が出るようにしますから。慌てずに行きましょう！

5日目

言葉の家族、仲間、敵を探そう

関連させる

四日目に頭をほぐした後、五日目に行いたいのは、対象となっている言葉を他のいろいろな言葉に関連させて、意味を膨らませていくことです。これまでは本質をつかむための基本姿勢や勉強の仕方、そして道具の使い方についていろいろとお話をしてきたわけですが、いよいよそれらを使って本格的に作業に入ることになります。

ここで行うのは、言葉の意味を豊かにしていく作業だといってもいいでしょう。どうしてそのようなことをするのかというと、それは対象となる言葉を分析するためです。

リンゴと聞いても、リンゴの三文字だけではどうしようもありません。それ以上何も膨らまなければ、何も見えてこないのです。これに対して、リンゴと聞けば、果物、赤、青（実際には緑ですが）、世界中どこにでもある、聖書や物語に出てくる、ロゴマークやキャラクターによく使われる、スイカより小さい、イチゴより大きい……といった感じで膨らませていけばどうでしょう？

おそらくリンゴが「リンゴ」でなくなってくるのではないでしょうか？　つまりあなたの知っているリンゴではなくて、もっと豊かな意味を帯びた存在に姿を変えていくのではないかと思うのです。

「自分にはそんな見方はできない」などといわないでくださいね。**もうすでに四日目のところで皆さんの頭はグニャグニャにほぐされているのですから。**物の見方を変え、常識を疑った皆さんには、リンゴに関連する言葉を挙げていくことくらい朝飯前のはずです。

そうなのです。実は関連する言葉を挙げるというのは、物の見方を変え、常識を疑うことにほかならないのです。

さて、それでは具体的にどのようにして関連する言葉を挙げていけばいいのかをお話ししましょう。要は類似する言葉、関連する言葉、反対の事柄を挙げていけばいいのですが、私はそれを言葉の家族、仲間、敵というふうに分類しています。順に見ていきます。

言葉の家族

まず、対象となる言葉と類似する概念を挙げる必要があります。**何でもいい換えてみることによって、言葉の意味が明らかになっていくものです。**しかもできるだけ簡単な言葉、身近な例に置き換えることができるといいでしょう。

そもそも人間というのは、そうやって言葉を覚えていくものです。リンゴといえば、梨に似たもの、球体などといっていけばいいのです。いわば類似する概念とは「言葉の家族」のようなものです。顔が似ているのですから。

類似語を知るには、辞書を引くのが一番です。ちなみに「哲学」という語を辞書で引いてみると、哲学の本来の意味である「世界・人生などの根本原理を追求する学問」という説明のほかに、「各人の経験に基づく人生観や世界観」といったものや、「物事を統一的に把握する理念」といった説明が記されています。

つまり、物事の本質を探究するという意味のほかに、人生観や世界観、物事を統一的に把握する理念というものも類似語として挙げられるわけです。

あるいは語源に着目するという方法もあります。語源が同じなら、類似語といっていい場合が多いからです。これも辞書等を調べればいいわけですが、例えばhotel（ホテル）とhospital（病院）が同じラテン語のhospes（もてなす人）に由来するということを知っていると、意外なつながりが発見できると思いませんか？

誰かがある物を名づけるのにはそれなりの理由があるのです。そしてその理由は合理的なものです。ということは、別のどこかでも同じものに似たような名前が付けられるわけです。そしてそれらが類似語となります。

人間の感覚や行為は非常に繊細で、少し違うと、それはもう異なる感情であり、異なる行為なのです。したがって、それらを表現するためには別の言葉が必要になります。「嬉しい」と「楽しい」が違うのはよくわかると思いますが、「苦しい」というのと「つらい」というのもニュアンスが異なるのです。

季節もそうです。季節というのは、人間が決めている気候の区分です。したがって、敏感であればあるほど詳細な区分がなされます。特に日本人は自然に対しては敏感なので、春夏秋冬の四つの季節どころか、それをさらに細分化して二十四節気《にじゅうしせっき》という名称で二四にも分けているのです。立春や大寒などです。

もちろん、こうした類似語の探索も、日頃教養を培《つちか》うなかで身につけてもらえばいいと思いますが、たまに辞書を引くのも勉強になるものです。

言葉の仲間

次に、対象となる言葉に関連する事柄を挙げる必要があります。ここでいう関連とは、狭義の関連です。つまり、類似のものでも、対比されるものでもない関連事項です。**方法としては、連想ゲームをしたときに出てくるレベルの言葉を挙げていけばいいのです。**

実はビジネスでは「マインドマップ」という手法がよく使われます。あたかも心のマップを外に表現するかのように、頭の中の連想を書き出していくのです。リンゴといえば、赤い。赤いといえば、目立つ。目立つといえば、ロゴマーク……といったように。ちなみに、私はこうした関連事項を「言葉の仲間」と呼んでいます。

マインドマップは、トニー・ブザンという人物が開発し、商標登録までしているといいますが、何も目新しいことではありません。連想ゲームを複数系統で行うだけの話なのですから。そしてそれは、私たちが通常頭の中でやっていることなのです。それを紙に書き表しているだけのことです。

ここで有効なのは、もちろん想像力ですが、想像力を鍛えるにはどうすればいいのでしょうか？ **私は「無茶振り千本ノック」という方法を使っています。**無茶振りというのは、よくお笑いなどで、急に無理な前振りをして、それに関連したことをいわせて笑いをとる手法です。この場合、AとくればBというような論理的なつながりはありません。ですから、論理をすっ飛ばして、関連性を瞬時に探さなければならないのです。

例えば、急に「バナナ、お好きですよね?」といわれても、「はぁ……」としか答えようがないですね。ところが、これが無茶振りだとすると、バナナに関連した何かを答えて、笑いをとる必要があるのです。「そんな芯のない人間に見えますか?」などと反応できると合格でしょう。バナナには芯がありませんから。

ここでは「バナナって何?」「特徴は?」「いまのこの状況とどう関係があるの?」そんなことが頭の中を渦巻いています。そして、「バナナには芯がないな」、それで「自分にも芯がないといえば自虐《じぎゃく》的で笑いをとれるな」と判断するのです。

これは意外なところから関連性を見つけ出すいい訓練になります。こんなことを千本ノックのようにどんどんやればいいのです。いい頭の訓練になります。その意味で、こういうのが得意なお笑い芸人が、よく頭がいいといわれるのは事実だと思います。

ちなみに、私も哲学をやり始めて、こういうのが得意になりました。テレビのコメンテーターとしても活躍しているのですが、この能力を使って、番組の終了間際にドカンと笑わせて、いい感じで終えるということもできています。先日も、番組の最後に、マカロニサラダのおいしいお店が紹介されたのですが、「この情報だけは流さないでほしかった。でも無理でしょうね。マカロニだけに」と振ったのです。当然キャスターから「どうしてですか？」と聞かれます。そこでこうかましたのです。「マカロニだけに情報筒抜け」。ドカンと笑いが起こって、みんな笑顔で番組終了です。

私の頭は、マカロニを見た瞬間、「特徴は？」「情報との関連は？」という感じでフル回転していました。そして瞬時にこのコメントです。いかがでしょう？頭がよく見えませんか？

類似語、関連語ときて、最後に反対の事柄を挙げて対比させていきます。反対の事柄というのは、対象となっている言葉とまったく正反対のものです。とはいえ、いろいろな指標があると思います。色が正反対、形が正反対、性質が正反対といったように。

リンゴであれば、赤に対して白や黒や透明。形であれば、球体に対して立方体、多面体、形がないなど。性質では、食べられるに対して食べられない、目立つに対して目立たないといった感じです。

反対のものを挙げると、対象の姿がよりくっきりしてくるものです。違いが鮮明になることで、性質が明確に浮かび上がるのです。あたかも大きなものの横にタバコの箱を置いて、サイズを明確にするのと同じです。最近はタバコを吸う人が減って、この喩えがわかりにくくなってしまいましたが……。

なお、この対比される言葉については、少し誤解を招くかもしれませんが、「言葉の敵」と呼んでいます。反対の言葉ですから、家族、仲間とくれば、敵くらいがいいかなという程度の話です。

いや、実際に敵を探せという気持ちでやると出てくるものです。この言葉にとって反対の意味の嫌な奴は誰か？　そういえばこんなことがありました。先日、コンピューターを専攻している学生たちに授業をした際、私の考えに賛成か反対か聞いてみたのです。そうすると、賛成も反対も数人ずつしか手が挙がりませんでした。

そこで、「君たちはコンピューターを専攻しているんだから、〈0か1〉の二進法に親しんでいるはずだ。あいまいな態度をとらずに、どっちかに手を挙げなさい」と叱りつけたのです。

すると、ある学生がこう答えました。「だから手を挙げないのです」と。つまり、彼らの二進法は、参加するか、しないかだというのです。「余計ダメじゃないか！」と叫ぶ力も抜けてしまいました。私の考え方に対する敵は反対論ではな

言葉の家族、仲間、敵を探そう

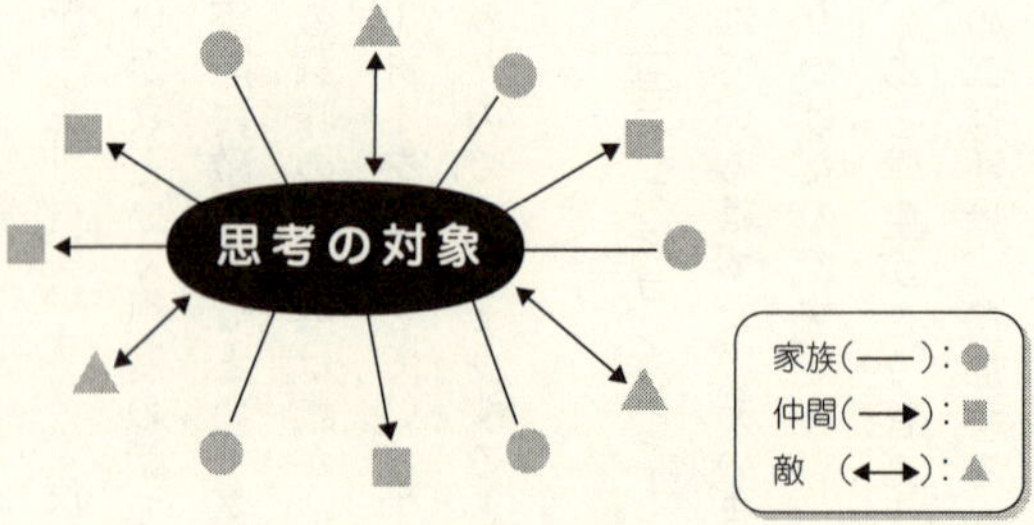

く、無関心だったのです……。

さて、ここで技術的なことを一つ。**関連を図示する際には、上の図のように記号を使い分けるとわかりやすいと思います。**つまり、言葉の家族を表す場合はただの棒線（—）、言葉の仲間を表すときは片方の矢印（→）、反対の言葉を表すときは両矢印（↔）といった具合です。

このほうが視覚的にわかりやすいですし、紛らわしくなることもありません。百聞は一見に如《し》かずです。

幸福の家族、仲間、敵

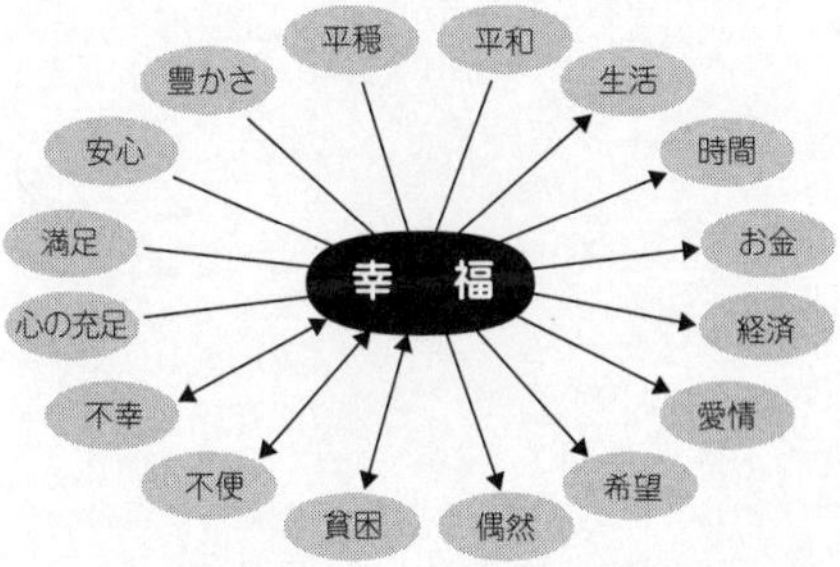

幸福の場合

ここで「幸福とは何か」という例題にもあてはめておきましょう。つまり、幸福の場合、言葉の家族は、心の充足、満足、安心、豊かさ、平穏、平和といった感じでしょうか。

そして言葉の仲間は生活、時間、愛情、希望、経済、お金、偶然（英語のhappinessでいうhapは偶然を意味する）でしょうか。反対の事柄は、不幸、貧困、不便でしょうか。

どうですか？　これで幸福という言葉の意味が膨らんだのではないでしょうか？

6日目

論理的に話せない人へのとっておきのアドバイス

論理的に話せない理由

論理的に話せない人というのは何が問題なのか。**それは一言でいうならば、頭の中が整理できていない点です。**とりわけ情報が増えてくると、それをどうまとめていいのかわからず、とりとめもなく情報を羅列してしまう人がいます。そんな人は、**「で、結局何がいいたいの？」**などといわれてしまうのです。

そこでこの六日目は、論理的に話す、つまりそのために論理的に物事をまとめる方法についてお話ししていきたいと思います。これまで散々膨らませてきたものを、ようやくまとめにかかる段階です。言葉の意味の再構成の始まりといってもいいでしょう。哲学では一番大事なプロセスです。

具体的には、グループに分けて、哲学概念を使って整理し、一文にするという三つのプロセスが求められます。順番に見ていきましょう。

グループに分ける

まとめるといっても、一気に一文にするわけにはいきません。コツは徐々にやっていくことです。そこで、**まずは類似する言葉をいくつかのグループに分けていくことが求められます。**

その際、どのような基準で分けるかですが、種類や性質に着目すればいいと思います。色、形、用法、社会的な位置づけなど。リンゴなら色、形はもちろん明確ですが、用法だと食用とマークとして用いるというのは大きく分けることができます。社会的な位置づけという意味でも、知恵の象徴や芸術作品のモチーフ、キャラクターなどといった分け方ができると思います。

そして、グループに分けたら、**そのグループの中の複数の言葉を一つにする必要があります。**ただ、ここでも複数の言葉を一気に一つにするのは困難でしょう。したがって、類似の概念を少しずつまとめていけばいいのです。

言葉をまとめる

グループに分ける ➡ **グループ内の複数の言葉を1つにまとめる**

・種類や性質に着目
例）色、形、用法、社会的位置づけ

・最大公約数的な新しい表現に置き換える
・より一般的な表現を選ぶ

その際、二つのやり方があります。新しい言葉に置き換えるか、いずれかを選ぶかです。新しい言葉に置き換えるには、複数のものの最大公約数的な表現がいいと思います。例えば「赤」「ピンク」「血の色」はどれも似ていますので、最大公約数をとって「赤系の色」としてはいかがでしょう。

いずれかを選ぶ場合には、より一般的な表現のほうを残すべきでしょう。例えば、先ほどの色の例でいくと、いずれも赤に関係した色ですから、より一般的な「赤」を残すことになります。

ここでの作業によって、情報はかなり

整理されてくるはずです。後はこれら一つひとつの言葉をどう関連づけていくかです。

一〇の哲学概念で整理する

グループに分けたら、今度はそのグループ間の言葉の関係性を考える必要があります。ここまではある程度機械的に行うことができるのですが、ここからは頭をひねらなければなりません。そこで役立つのが哲学概念です。その意味で、このプロセスが一番の山場といえます。

すでに二日目のところで紹介した一〇個の哲学概念を利用して、各要素の関係性を整理していくのです。もちろん一〇個を全部使うという意味ではありません。一つでもいいですし、いくつかを組み合わせてもいいのです。大事なところですから、情報の整理の仕方として再度例を用いて確認しておきましょう。

①カテゴリー：物事を階層的に分類する

これは、A、B、C、Dという四つのグループがあるとき、AとBが並列で、Bの下にCとDが並列にぶらさがるというような整理をするものでした。

例えば、土、水、川、海の場合、土と水が並列で、川と海が水の下にぶらさがるということになります。

②主観と客観：対象を主体と客体に分けて考えてみる

これは、AとBのグループがあるとき、Aは人間がやることで、Bは人間にされることというような分け方をするものでした。

例えば、ご飯を例にとると、人間はご飯を食べる主体、ご飯は人間に食べられる客体となるわけです。

③時間と空間：何でも時間軸と空間軸の図表の上に位置づけてみる

AやBといった物事について、各々時間と空間の位置を特定することで、存在の意味を確定するというものでした。

例えば、飛行機と宇宙ステーションについて、飛行機は現代の地球上の話で、宇宙ステーションは未来の宇宙空間の話だというふうに特定して考えることができます。

④イデア：対象となっているものの本当の姿を想像する

これは、Aの現実の姿は、実はXという理想が形になったものだというふうに捉えるものでした。

例えば、哲学者小川仁志は、実は私の頭の中にある理想が形になったものであって、真の姿ではないということもできます。つまり、本当の私はまだまだこんなものじゃないということです。あくまで喩えですよ……。

⑤運動として捉える：物事を何でも運動として捉える

これは、対象となっているAは、必ずしも動いているわけではないが、百年というスパンで見ると、朽ちていくという化学変化の途中にあるというものでした。つまり、その意味で運動の途中と捉えることもできるということです。

例えば、廃墟がそうです。目に見えて劣化していくわけではありませんが、数十年も放置された空家は廃墟と化します。これは日々劣化の運動の過程にさらされていた証拠です。一気にあんなふうになるわけではありませんから。

⑥弁証法：マイナスをプラスに変えるプロセスを想定する

これは、対象となっているAは、実はある問題（マイナス）を解決した成果

（プラス）として捉えることもできるというものでした。

例えば、この弁証法を唱えたヘーゲルの思想そのものがそうです。彼は、自由主義的な国家論を展開したものの、君主の扱いに苦心していました。そこで彼が案出した解決策は、君主を形式的な最終の決裁権者とすることでした。これによって、マイナス要素である君主も国家に威厳を持たせるプラスの要素になったのです。なんだか日本の象徴である天皇に似ていますね。

⑦差異として捉える（否定弁証法）：あえて差異を差異のままに捉える

これは、AとBは似ているけれども異なるものであるとして、両者の差異に着目する思考法でした。その結果、差異を差異のままに残そうとするのです。

例えば普通はカレーライスとライスカレーは同じものとしがちですが、あえて違うメニューとして両方残してやることで、カレーとライスのいずれを重視しているかのニュアンスの違いが出ます。

⑧構造主義：物事を構造の中で捉える

これは、Aを単体で捉えるのではなく、もっと大きなXという構造の中で捉えるものでした。

例えば、ノーベル賞を単なる賞ではなく、国際政治という全体構造の中で捉えると、あたかも世界が目指すべき方向性のように見えてきます。もしかしたら、ノーベル賞は政治的な本質を持っているのでしょうか？　そんな本質も浮かび上がってくるというわけです。

⑨因果関係：物事を原因と結果という因果関係の中で把握する

これは、Aは何の原因によって生じた結果なのかという見方をするものでした。あるいは反対に、Aは何の原因なのかという見方をするものでした。

例えば、借金をはじめ多くの問題を抱えるいまの日本の現状にも、やはりそれなりの原因があります。その原因を追求していけば、解決策も見えてくるのです。しかし、原因に目をつぶろうとするのが政治です。なぜなら、責任を追及されるのが落ちだからです。その結果、いつまでも問題が解決しないのです。

⑩人間にとっての意味：人間にとってどのような意味があるのかを考えてみる

これは、Aは人間にとってどんな意味があるのかを考えてみるものでした。例えば、哲学は人間にとってどんな意味があるのか？　おそらく人類を進歩させることではないでしょうか。

一文にする（英語の基本五文型が役立つ）

各々のグループを一つの言葉で説明できる状態になれば、今度はそれを一文にします。その際、先ほどの一〇の哲学概念が有効に機能します。例えば、Aは主体で、Bは客体。かつBはXという構造の中で捉えられるというふうに。

そうして整理ができれば、次は国語の問題です。うまく一つの文章にするのです。国語の問題といいながら、**実はここで使えるのが英語の基本文型なのです。**

皆さんも中学のときに習ったことがあるのではないでしょうか。S+Vは第一文型、S+V+Cは第二文型といったものです。**なぜ英語の基本文型を使うのかというと、英語は主語・述語が明確な論理的構造を有しているからです。**その点は日本語と大違いです。

ちょっと確認してみましょう。中学英語の復習です。

第一文型(S+V)

これは主語と述語だけで成り立っている文型です。「〜は〜する」という文に

なります。もちろん修飾語句がつくでしょうが、それは基本文型の要素としてはカウントしません。例えばHe lives in Tokyo.（彼は東京に住んでいます）という文は、Heという主語、livesという述語だけで成り立っています。in Tokyo（東京で）というのは修飾語句なのです。

哲学でいうと、「神は死んだ」というニーチェの名言が当てはまります。西洋社会の人々の心のよすがであるキリスト教は、もう頼りにならない。だから強い心を持って生きていかなければならないという意味です。この場合、「神」＝S、「死んだ」＝Vとなっています。

第二文型（S＋V＋C）

これは主語と述語に補語（C）がつきます。「〜は〜である」「〜は〜になる」という文です。例えばHe is a teacher.（彼は先生です）やHe turned red.（彼は赤くなった）といった文です。この場合、「S＝C」という関係にあります。つまり、「彼＝先生」、「彼＝赤い」という関係が成立するのです。

哲学の例を挙げるなら、「人間は考える葦《あし》である」というパスカルの名言が思い浮かびます。人間は葦という植物と同じように弱い存在だけれど、考えるという点で大きく異なる。これが人間の特徴だという意味です。この場合は「人間＝考える葦」というわけです。

第三文型（S＋V＋O）

これは主語と述語に目的語（O）がつきます。「〜は〜を〜する」という文です。例えばHe loves her.（彼は彼女を愛している）のように。この場合は「S≠O」です。彼と彼女が同じであるはずはないですよね。

哲学の例を挙げると、「すべての人間は、生まれつき知ることを欲する」というアリストテレスの名言が浮かんできます。文字通り、すべての人間は知ることを求める存在だという意味です。この場合、「すべての人間は」がS、「欲する」

がV、「知ることを」がOとなります。

第四文型（S＋V＋O＋O）

これは主語と述語のほかに目的語が二つつくパターンです。「〜は〜に〜を〜する」という文です。これら目的語は、最初のものが第一目的語（間接目的語）、後のものが第二目的語（直接目的語）と呼ばれます。第一目的語はたいてい人、第二目的語は物です。

例えばHe gave her a book.（彼は彼女に本をあげた）のように。

哲学の場合、「人はすべての権利を共同体全体に譲渡する」というルソーの言葉が当てはまります。つまりルソーは、彼の社会契約理論として、全員が自分の権利を共同体に対して譲渡するなら、一人ひとりは実は自由なはずだと主張しているのです。この場合、「人」＝S、「譲渡する」＝V、「すべての権利を」＝O、「共同体全体に」＝Oとなります。

第五文型（S＋V＋O＋C）

これは主語と述語のほかに目的語と補語がつくパターンです。「〜は〜を〜に〜する」という文です。この場合、目的語と補語は同じものを指します。つまり「O＝C」という関係が成り立っているのです。例えばHe made her his secretary.（彼は彼女を自分の秘書にした）のように。彼女と彼の秘書は同一人物ですよね。

哲学でいうと、カントが「人間を目的にしなければならない」といっているのがこれに当たると思います。つまり、カントは人間を手段にしてはいけないというのです。そうではなくて、目的にしなければならないと。この場合、主語は省略されていますが、「私たちは」でしょう。したがって、「私たちは」＝S、「しなければならない」＝V、「人間を」＝O、「目的に」＝Cとなります。もちろん「人間＝目的」という関係が成り立っています。

以上のような五文型を意識すると、文章の構造をシンプルに捉えることができると思います。何がSで、何がVで、何がOやCなのかを考えてみればいいのです。

グループ内の言葉を一つにまとめる

さて、六日目の作業を例題「幸福とは何か」に当てはめて、ここで示しておきましょう。

幸福の場合、「言葉の家族」は心の充足、満足、安心、豊かさ、平穏、平和でした。そして「言葉の仲間」は生活、時間、愛情、希望、経済、お金、偶然（英語のhappinessでいうhapは偶然を意味する）でした。「反対の事柄」は不幸、貧困、不便でしたね。

論理的に話せない人へのとっておきのアドバイス

グループに分ける

↓

グループ内の複数の言葉を
1つにまとめる

↓

10の哲学概念を使って整理する

↓

1つの文にする

これらをグループに分ける必要があります。そこでまず「言葉の家族」から見ていくと、心の充足、満足、安心が一つのグループにくくれます。これらはいずれも心の状態だからです。次に豊かさ、平穏、平和が一つのグループにくくれます。これらは人を取り巻く状態です。

「言葉の仲間」に移ると、生活、時間、お金、経済あたりが、日常必要なものとして同じグループになりそうです。また、愛情と希望は、心に関係するものとして一つにまとめられます。これらに対して、偶然だけは独立した要素のように思います。

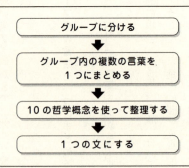

常識を疑う

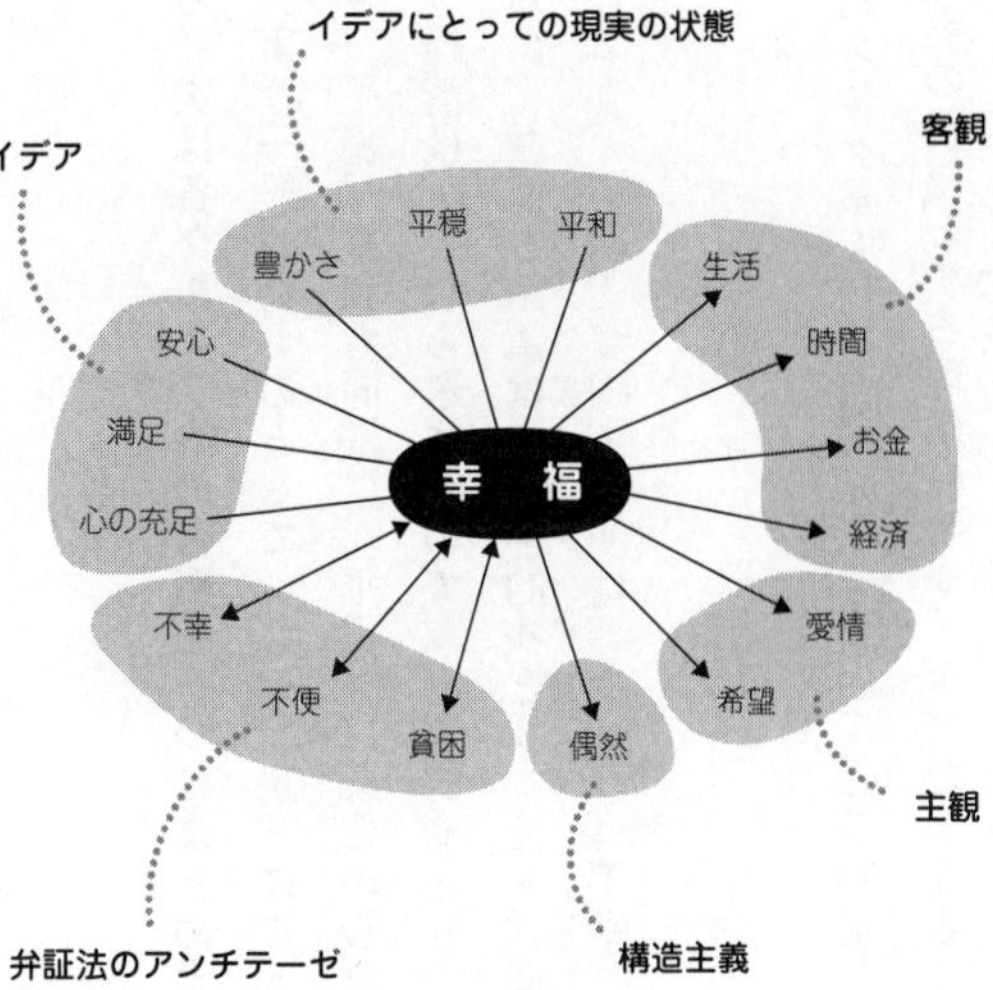
イデアにとっての現実の状態
イデア
客観
平穏
平和
豊かさ
生活
安心
時間
満足
幸　福
お金
心の充足
経済
不幸
愛情
不便
希望
貧困
偶然
主観
弁証法のアンチテーゼ
構造主義

「反対の事柄」は、いずれも不幸を象徴するものとして一つのグループにまとめられるでしょう。

グループに分けたら、次は各グループ内の言葉を一つにまとめましょう。心の充足、満足、安心は、より一般的なものとして「心の充足」にまとめることができるでしょう。豊かさ、平穏、平和も同様に「平穏」にまとめられるでしょう。生活、時間、お金、経済は、これらをまとめて「物質的ゆとり」と置き換えることができます。反対に、愛情と希望は「精神的ゆとり」です。偶然は一つなのでそのままでいいでしょう。不幸、貧困、不便は、やはり「不幸」で代表させることができます。

さて、それではこれら各グループの関係性ですが、「心の充足」グループは、「平穏」グループを現実の状態とする理想の姿＝イデアだと見ることができるのではないでしょうか。ここで早速、哲学概念④イデアを使ってみました。そして、「精神的ゆとり」グループと「物質的ゆとり」グループは、それぞれ主観と客観という形で対比できるように思います。これは②主観と客観です。

さらに「偶然」グループの偶然という要素は、⑧構造主義を使用してみると、人間の営みの中で、幸福というものが偶然である、つまり得難いものであるからこそ望まれるという位置づけが見えてきます。どうやらこの要素は幸福にとって重要そうです。

「不幸」グループは、⑥弁証法を当てはめてみると、不幸というアンチテーゼ（矛盾）があるからこそ幸福を感じ取ることができるというふうに、マイナスをプラスに捉えることができます。したがって、この要素も幸福を成立せしめる前提なのです。

以上のような整理をもとに、これらを一文にまとめてみましょう。そうすると、「幸福とは、不幸があるからこそ、物質的・精神的ゆとりによって、偶然得られる、平穏を求める、心の充足である」となります。

長いですね。そこで英語の基本五文型の出番です。現在、文章は長いものの、文型としては「～は～である」の第二文型「S＋V＋C」になっています。ですから、**できるだけ余分なものを削ぎ落として、あのシンプルな形に持っていきたいと思います。**

まず「不幸があるからこそ」というのは、「偶然得られる」というのに集約可能ではないでしょうか。常に幸福なら何も問題ないわけで、ときに不幸があるから幸福を感じられるのです。

次に「平穏を求める」というのは、イデアである「心の充足」の現実の姿なので、これと同じといえます。また「物質的・精神的ゆとりによって」得られるというのは、心の充足の前提なので、なくてもいいでしょう。

このように考えると、「幸福とは偶然得られる心の充足である」というふうになります。おそらくこれ以上は意味内容からは削れません。もちろんこれでも幸福の本質を充分捉えていると思いますが、哲学ですから、もう少し頑張ってみたいと思います。後はいかにキャッチーに表現できるかです。
さあ、いよいよ七日目、最終日です。

7日目

一言でキャッチーに表現するためのコツ

最後は磨き上げる

一文にまとまったら、最後の仕上げとして、それをより普遍化する必要があります。普遍化というのは、いつでもどこでも誰にでも当てはまるようにするということです。それこそが物事の本質であり、哲学の成果だからです。

そして、**普遍化するためには、抽象的に表現する必要があります。**なぜなら、具体的表現だと当てはまる対象が狭まってしまうからです。

そのうえで、駄目押しですが、体裁を整えるとなおいいのです。要は、表現を多少キャッチー（受けそうで覚えやすい形）にするのです。これには二つのメリットがあります。つまり、当然心に残りやすいですし、何よりそのままの表現より考えさせられるという点です。

だいたい頭がよい人の言葉は、印象に残るかっこいいものが多いですね。哲学者たちの言葉もそうです。名言として世に残るのは、それなりに普通の人とは違う何かがあるからに違いありません。同じようなことをいっていても、何かが違うのです。

私はそれをキャッチーさに見ています。**短い時間に印象的な表現で訴えかけることをサウンド・バイトといいますが、ある意味でサウンド・バイト効果を狙っていこうとするわけです。**順に見ていきましょう。

抽象的に表現してみる

そもそも抽象的という言葉に負のイメージを持っている人がいるかもしれませんが、それは誤解です。「話が抽象的でわからないな」という場合は、たしかにネガティブな意味で使われているわけですが、私がここで意味している抽象的というのは、あくまで余分なものを取り除いて本質のみを取り出したという意味です。

抽象的というのは英語でabstractといいますが、この語には「深遠な」という意味や、名詞で「要旨」という意味があるのです。つまり、深い意味であり、また大事な部分を表しているわけです。まさに本質です。

ですから、決して負のイメージを持つ語ではありません。「抽象的」の反対語である具体的なものは、内容はわかりやすいかもしれませんが、その分本質がぼやけてしまうのです。具体例をいっぱい並べられても、結局何がポイントなのかがわからないということがありますね。そんなときに、ずばり一言で抽象的に表現してもらえると助かるものです。

さて、**抽象的に表現してみるというのは、そのものの機能や役割、そして存在意義に着目することをいいます。**例えば車の場合、「移動手段」というのがそれに当たります。これをさらに抽象的に表現するなら、「運ぶもの」となりましょうか。

そうやって抽象化していけばいいのです。コツは一番大事な要素に目を向けることです。そのものにとって一番大事なものは何か？　反対からいうと、その要素が欠けると、もうそのものの意味がなくなってしまう部分です。

一気にそこに到達するのが難しければ、一つひとつ消去法で削ぎ落としていくのも手でしょう。

キャッチーに表現するための六つの技

では、抽象的表現をキャッチーにするとどうなるか？ もはやセンスの範疇ですが、コツとしては、かっこよく詩的に表現すればいいのです。詩人にでもなったつもりで……。先ほどの「運ぶもの」の場合、「運輸態」とか「運輸機械」などというのはいかがでしょうか。実は哲学では「〜態」「〜性」という表現がよく使われます。その状態、そのような性質という意味です。ちなみに「〜機械」というのは、フランスの思想家ジル・ドゥルーズがよく用いる表現です。

そのほかにも実際の哲学名言を具体例にして、キャッチーな表現にするための技を確認していきましょう。

〈いい切り型〉「万物の根源は水である」(タレス)。このようにいい切るパターンです。万物の根源が水だといい切られると、さすがにインパクトがありますよね。これが「万物の根源は水かもしれない」だと、より正確さを重視しているように思えますが、インパクトは格段に薄れます。

〈体現止め型〉「警句をよく吐く人、悪い性格」(パスカル)。これはパスカルの『パンセ』の一節ですが、「警句を多用する人は、悪い性格だ」などといわずに、「悪い性格」と体言止めをしているのです。そのことによって、強い印象が残ります。

〈ショック表現型〉「人間は自由の刑に処せられている」(サルトル)。つまり、人間は自由に人生を選べるから、逆にいうとそれが苦痛にもなるということです。でも、自由の刑なんて表現されると、一瞬ギョッとしますよね。

一言でキャッチーに表現するためのコツ

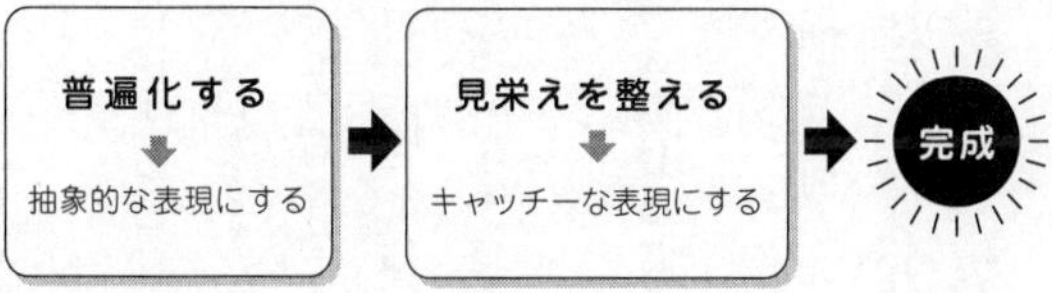

〈造語型〉「私たちの現存在は問うことのできる存在である」（ハイデガー）。現存在というのは、ハイデガーの造語で、人間のことを意味しています。しかし、造語を用いることで、断然インパクトが増しますね。

〈謎かけ型〉「あるものはあり、ないものはない」（パルメニデス）。こういう謎かけのようなものも考えさせられます。パルメニデスは、単にあるものはあるし、ないものはないのだから、存在するものには生成も消滅もないといいたかったのです。ん～奥が深い。

〈極論型〉「存在するとは、知覚することである」（ヒューム）。これは、物事の存在というのは、私たちの知覚の結果にすぎず、本当に存在しているのかどうかはわからないという意味です。

そうすると、目を閉じた瞬間、目の前にあった机は姿を消していることになるのですが、どう考えても極論ですよね。ただ、インパクトはあります。

大事なことは考え続けること

最後に、「幸福とは何か」という例題に当てはめてみます。六日目までのところで、「幸福とは偶然得られる心の充足である」という答えになっていました。これを磨くとどうなるでしょうか。

まず、抽象的に表現してみます。「偶然得られる」というのは、「偶然の産物」

一言でキャッチーに表現するためのコツ：例題に当てはめる

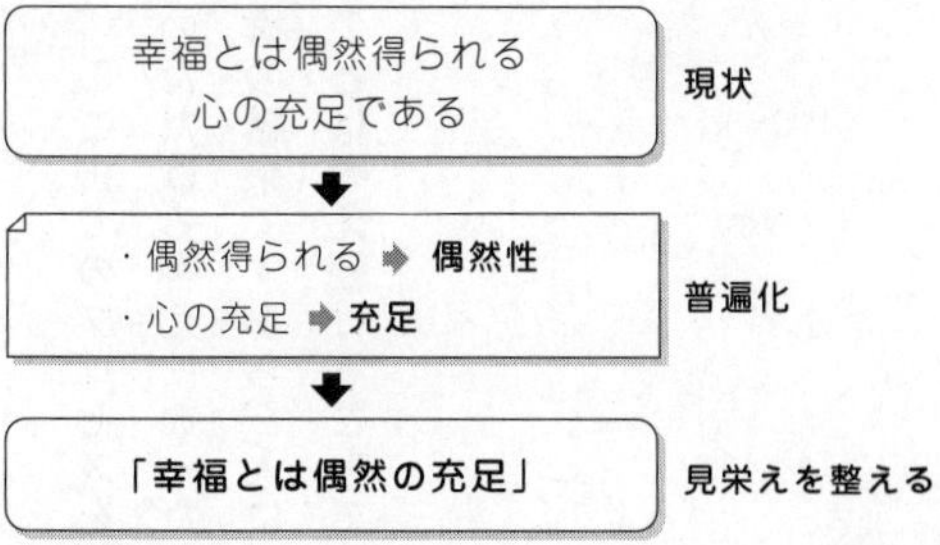

「偶然性」となりましょうか。そして「心の充足」のほうは、思い切って「充足」と表現してしまってもわかるのではないかと思います。とすると、「幸福とは偶然の産物としての充足である」となります。

これをキャッチーにしてみますと、ずばり「幸福とは偶然の充足」！　最後は「体言止め型」を使ってみました。いかがでしょうか？

おそらくこれを先に聞いた人は、「え、なんだかかっこいいけど、どういうことなの？」と思われるでしょう。それが普通の反応だと思います。そこから思考が始まるのです。

反対に、ここまでのプロセスをずっと見てこられた読者の皆さんにとっては、納得していただける答えになったのではないかと思っています。もちろん、これは私の思考の結果ですから、人によって答えは変わってくるでしょう。

大事なことは考え続けることです。よりよい答えを求めて……。

演習問題

最後の最後に、まとめとして皆さんに演習問題をしていただきます。自分がどれだけ頭がよくなったか、本書を振り返りながら、ぜひトライしてみてください。そして解答例と比べてみてください。もしかしたら、私の解答例よりも皆さんの答えのほうが優れたものになっているかもしれません。

演習問題1

考えるとは何か？

＊解説を読む前に自分でやってみてくださいね。

〈解説〉

まず「考える」という言葉について、頭をほぐしてください。その上で、言葉の家族、仲間、敵を探しましょう。さて、家族は「意志」「思う」「思考」「理性」といったところですね。仲間はどうでしょう。考えるのは「人間」ですね。その学名は「ホモ・サピエンス」、当然「生きる」ことと関係があり、「悩み」でもあります。

またパスカルの「考える葦」という言葉も有名ですね。さらに「哲学」も考えることの代名詞ですし、考える場所としての「学校」や「勉強」などが挙げられます。敵としては、考えないことですから、「宗教」や「信じる」こと、「コピペ（コピー＆ペースト）」「寝る」「休む」といった感じですね。

次にこれらをグループに分けましょう。すると「意志」「思う」「思考」「理性」はひとまとめにして「理性」で代表させることができると思います。「人間」「ホモ・サピエンス」「生きる」「悩み」「考える葦」は、広い意味では「生きる」ということでしょう。「哲学」「学校」「勉強」も「生きる」に含めていいでしょう。「宗教」「信じる」「コピペ」「寝る」「休む」も、まとめるなら「信じる」ということでしょうか。

そこで、これらを哲学概念を使って一文にしていきます。「信じる」というのは、あえて考えることに対する差異として残すことにします。「理性」と「信じる」はカテゴリーの視点からすると、並列だと見ることもできます。「生きる」と「理性」との関係は、因果関係ともとれますが、ここでは主体と客体と考えていいでしょう。

むしろ重要なのは、「生きる」ということが、あらゆる具体的な営みのイデアとして位置づけられるということです。そこでこれらを人間にとってどんな意味があるのかという視点でまとめると、次のようになります。「信じるのではなく、理性を駆使して生きること」。第二文型S＋V＋Cです。

最後にこれを磨きます。「信じるのではなく」というのは、抽象化の視点から省いてもいいでしょう。「理性を駆使して」というのは、「理性を」と表現してしまったほうがキャッチーですっきりします。そこで、いい切り型を使って、考えるとは「理性を生きること」と表現したいと思います。

演習問題 I

考えるとは何か？

解答例

「理性を生きること」

解答プロセス

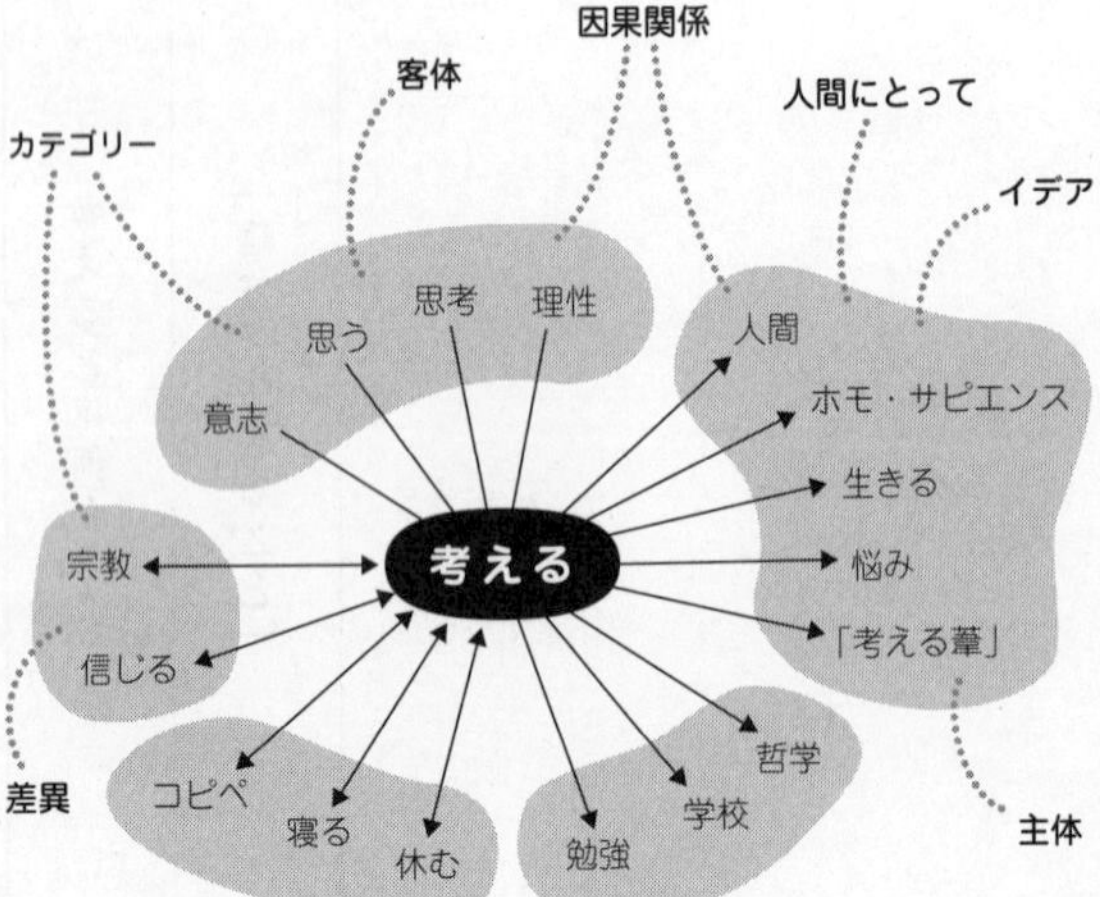

因果関係
客体
人間にとって
カテゴリー
イデア
思考
理性
思う
人間
意志
ホモ・サピエンス
生きる
宗教
考える
悩み
信じる
「考える葦」
哲学
差異
コピペ
寝る
学校
主体
休む
勉強

九十分とは何か？

＊解説を読む前に自分でやってみてくださいね。

〈解説〉

まず、九十分という概念を頭の中でほぐす必要があります。その上で言葉の家族、仲間、敵を探していきましょう。まず、家族としては「単位」「時間」、それに類似する時間の塊として「三十分」「六十分」「百二十分」といったものを挙げることができます。仲間としては、九十分に何をするかという意味で「会議」や「授業」が挙げられます。また、「短くも長くもない」といったものも九十分の特徴といえます。

これに対して、敵としては、まったくない「零分」、逆にずっと続く「永遠」でしょう。

次にこれらをグループに分けますと、「単位」「時間」「三十分」「六十分」「百二十分」は、一つのグループとして「時間」と見ることができます。「零分」と「永遠」も九十分とは異なりますが、一応「時間」です。「会議」や「授業」は一つにまとめて、「活動」と表現できます。「短くも長くもない」というのは「ちょうどいい時間」という独立した要素として捉えられます。

では、これらを哲学概念を使って一文にしてみましょう。もちろん「活動」は私たちという主体にとっての客体です。その活動をする上で、九十分というのは、他の時間との差異を考慮すると「ちょうどいい時間」なのです。いわばそれは、零分や永遠という極端な時間の概念を弁証法的に解決して、ちょうどいい時間にしたものなのです。

そこで、九十分という存在が、人間にとってどうなのかと考えると、次のようになります。「人間が活動するためのちょうどいい時間」。第二文型S＋V＋Cです。

最後にこれを磨きます。「人間が活動するための」は抽象的に「活動」と表現すればいいでしょう。「ちょうどいい時間」は、つまり人間がその時間なら納得するということです。ですから、納得するということを造語にして「納得性」とキャッチーに表現して、「活動の納得性」と体言止め型で表現してみるのはいかがでしょう。

演習問題2　**九十分とは何か？**

解答例　**「活動の納得性」**

解答プロセス

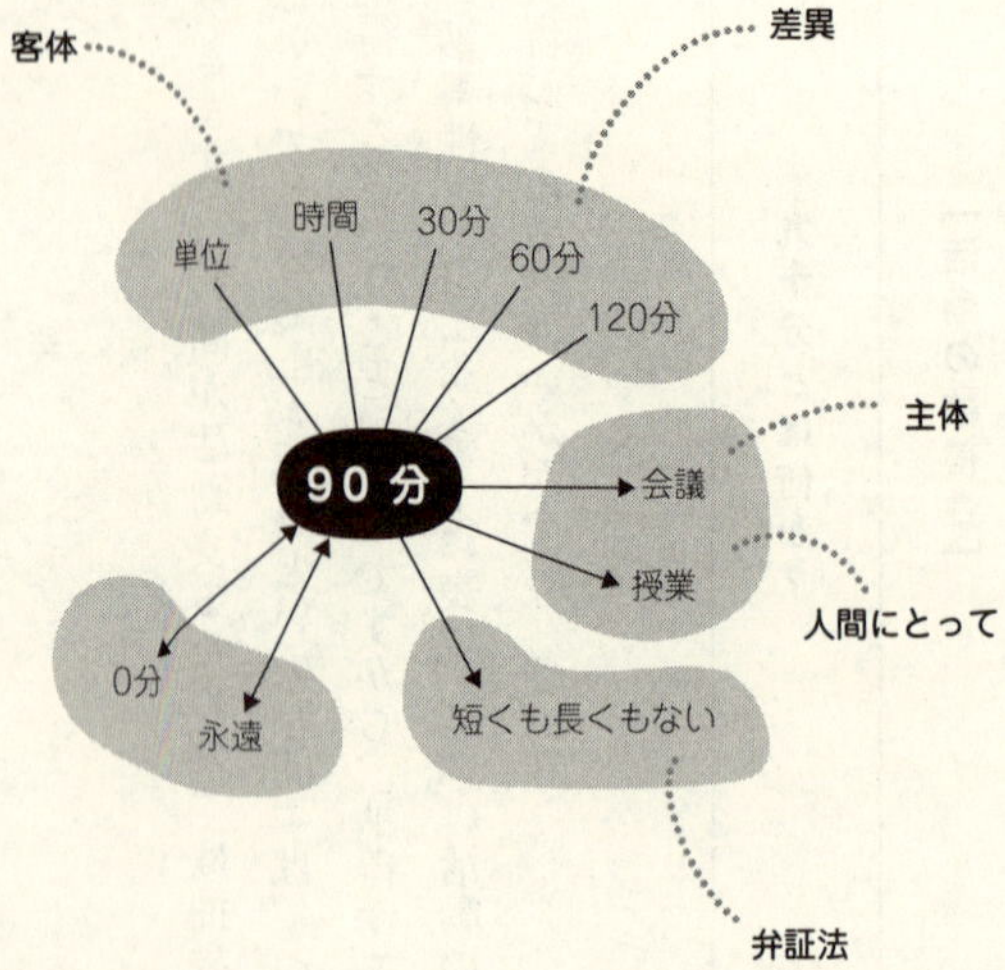

演習問題 3

インターネットとは何か？

＊解説を読む前に自分でやってみてくださいね。

〈解説〉

まずインターネットという言葉を頭の中でほぐしてください。その上で、言葉の家族、仲間、敵を探していきましょう。家族としては「つながる」「通信」「メール」「SNS」「HP」「Google」といったところでしょうか。仲間は「技術」「情報」「即時性」「ツール」「グローバリゼーションあるいは世界」「匿名性」「犯罪」。敵は「アナログ」「手紙」「対面」でしょうか。

次にこれらをグループ分けします。「つながる」「通信」「メール」「SNS」は、一つにまとめて、「つながる」に代表させることができます。「HP」と「Google」もそこに入れていいでしょう。「技術」「情報」「即時性」は、特性として一つにして「瞬時に」という言葉で表現します。「ツール」と「グローバリゼーションあるいは世界」は各々独立した内容なので、そのままにしておきます。「匿名性」と「犯罪」は負の側面として一つに、敵である「アナログ」「手紙」「対面」は反対の概念として一つにまとめます。

ここで哲学概念を使って一文にしていくわけですが、「つなぐ」という行為は運動であり、それが「瞬時に」「グローバリゼーションあるいは世界」という時間・空間の中を駆け巡るわけです。また、インターネットは、人間を主体とした客体としての「ツール」であることは大前提です。さらに、それがグローバリゼーションを引き起こしているという構造主義的見方もできます。負の側面は弁証法的なプロセスとして、インターネットはそれらを克服する過程にあると見てはいかがでしょうか。

以上を踏まえて一文にすると、次のようになります。インターネットは、「負の部分も含め、瞬時に世界をつなぐ」。これは第三文型S＋V＋Oのパターンです。

最後はこれを磨きます。「負の部分も含め」は抽象化のために取ってもいいでしょう。「瞬時に」というのも「つながる」という部分に含めます。そして、肝心の「つなぐ」という表現もキャッチーにするために「接続」という哲学らしい語に置き換えます。そうすると、ショック型を使って、インターネットとは「世界との接続」と表現することができます。

演習問題3

「インターネットとは何か？」

解答例

「世界との接続」

解答プロセス

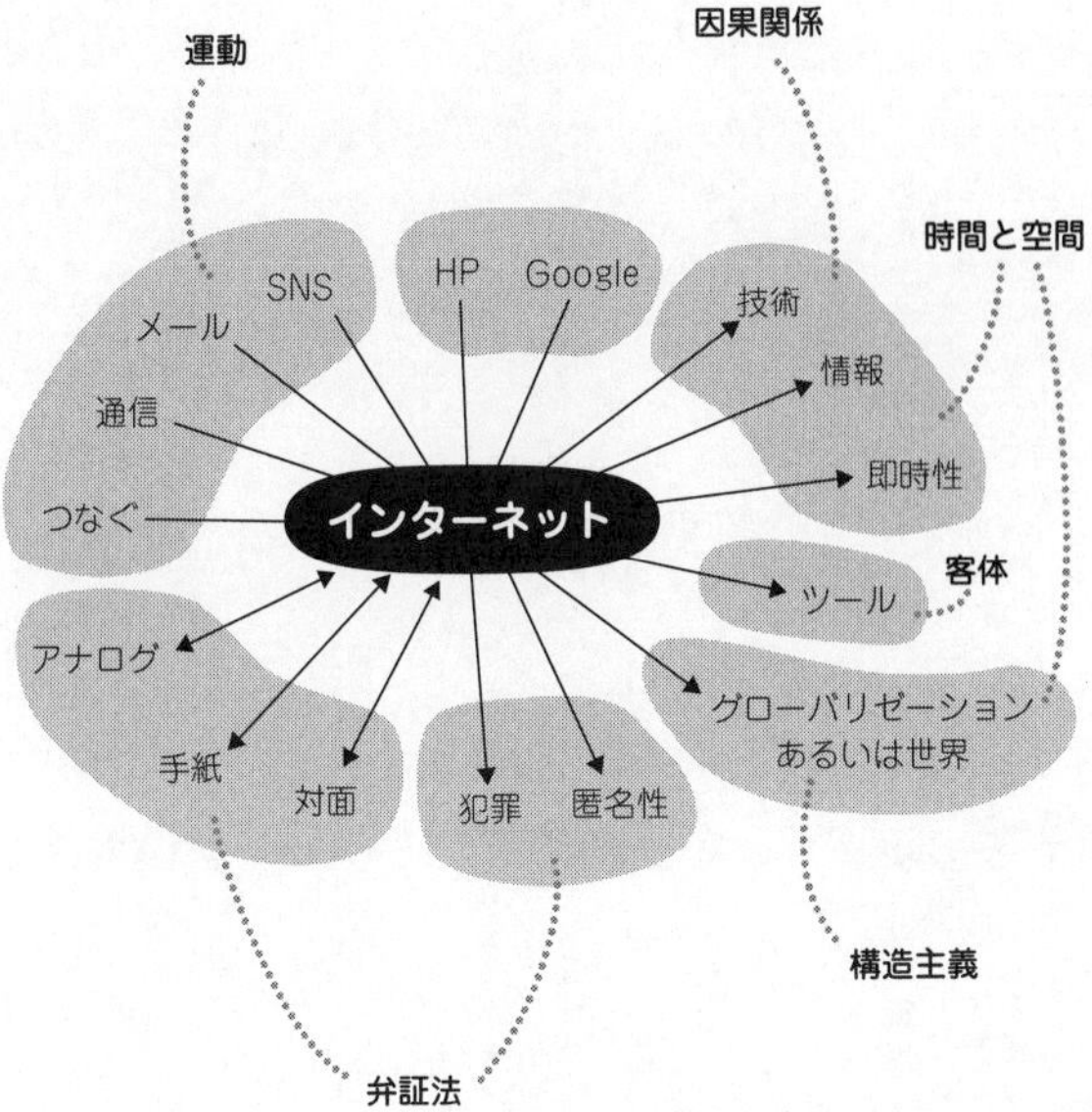

運動
因果関係
時間と空間
SNS
HP
Google
メール
技術
通信
情報
即時性
つなぐ
インターネット
客体
ツール
アナログ
グローバリゼーション
あるいは世界
手紙
対面
犯罪
匿名性
構造主義
弁証法

文庫版　特別講義

頭がよくなる！　哲学名言解説

　この文庫版では特別講義として、頭がよくなるという視点から、哲学の名言を解説していきたいと思います。世界の有名な哲学者一〇名の著作から、その人の特徴が表れていると思われる箇所をそれぞれ一つずつ名言として選んでいます。

　そして、その名言を紹介すると同時に、①言葉の意味、②頭がいいと感じるポイント、③人から頭がいいと思われる使い方に分けて解説していきます。ここまでの七日間の講義では、いわば「自分で哲学名言を生み出すノウハウ」についてお話ししてきたといってもいいでしょう。これに対して、本特別講義では、実際の哲学者たちが生み出した名言のすごさを実感し、それを自分のものにしてもらいたいと思います。もちろん目的は、さらに頭がよくなることです！

名言1

パスカル

われわれは絶壁が見えないようにするために、何か目をさえぎるものを前方においた後、安心して絶壁のほうへ走っているのである。

（『パンセ』より）

①言葉の意味

人間というものは、目の前に危険があるのをわかっていながら、それを見ないようにして、安心して危険のほうに向かっていくということです。皆さんは、この言葉を聞いてどのような印象を持たれるでしょうか？　人間というのは愚かだなと思う人もいるでしょう。あるいは逆に、人間は賢明だなと思われる方もいるかもしれません。世の中に危険があるのは当たり前で、いちいちそれを恐れていては何もできないからです。したがって、この言葉には両義性があると思ってもらえばいいでしょう。

②頭がいいと感じるポイント

この言葉はモラリストと呼ばれる哲学者の一人、パスカルによるものです。パスカルは人間の本質を綴《つづ》ったエッセー集『パンセ』の中で、このように論じているのです。いったいどこに頭のよさを感じるかといいますと、それはこの秀逸な比喩の部分です。危険だらけのこの世の中を生きる人間の姿を、絶壁が見えないようにして走っているだなんて、視覚的にイメージしやすいだけに強烈なインパクトを放っていると思いませんか？

③人から頭がいいと思われる使い方

さて、この言葉をどう使えば頭がいいと思われるか。たとえば、何かリスクがあるときに、それでも物事を進めなければならないときに使えます。具体的には、「パスカルもいっているように、人間はもともとリスクが見えないようにして前に進んでいるんだ」などというと、説得力があります。

名言2 ルソー

人間は自由なものとして生まれた。しかるに、いたるところで鎖につながれている。（『社会契約論』より）

①言葉の意味

この言葉は、生まれたときは自由なはずの人間が、気づけばルールでがんじがらめになって、自由を失ってしまっているという意味です。もちろん生まれたときからルールに縛られているわけですが、ここでは元来人間は自由なはずだということを象徴的に表現しています。とりわけ不必要な縛りや規制が多いと訴えているのです。

②頭がいいと感じるポイント

この言葉は、フランスの啓蒙《けいもう》思想家ルソーが『社会契約論』の冒頭で放ったものです。この本自体が、絶対王政に対して、人民の自由を取り戻すことを訴えたものだけに、非常に強い言葉で書かれています。いたるところで鎖につながれているという部分はショッキングでさえありますが、このショッキングさが頭がいいと感じさせるポイントです。政治的パンフレットはショッキングなぐらいでないと、人の心を動かすことはできません。実際、この本はその後フランス革命のバイブルとなりました。

③人から頭がいいと思われる使い方

行政の規制などを批判するとき、すかさずこの言葉を引用すると、頭がいいと思われるでしょう。たとえば、「ルソーもいっているように、自由なはずの僕らを鎖でつなぐのが権力だからね」というふうに使えばいいでしょう。そのうえで、だから鎖を解き放たないといけないともっていけば、周囲から尊敬されること請け合いです。

名言3

ヘーゲル

理性的なものは現実的であり、現実的なものは理性的である。

(『法の哲学』より)

①言葉の意味

この言葉を理解するためには、まず理性という言葉を理想と読み換えたほうがわかりやすいでしょう。というのも、ヘーゲルのいう理性は、人間が発揮することのできる最良の能力だからです。そうすると、ここでは理想は現実で、現実は理想だといっていることになります。つまり、理想と現実を一致させなければならないという宣言として理解することができます。

②頭がいいと感じるポイント

先ほど宣言といいましたが、実際この言葉は、ドイツの哲学者ヘーゲルが、

『法の哲学』という著書の序文で述べているものです。『法の哲学』は理想の国家論のようなものなのですが、その初めに理想と現実の一致を呼びかけているのです。この言葉に頭のよさを感じるのは、これがあたかも禅問答のように聞こえるからです。単に理想と現実を一致させよといってしまうと味気ないので、あえて禅問答のような表現をして、読者に考えさせているわけです。

③人から頭がいいと思われる使い方

このような禅問答のような表現は、それを使うだけで頭がよいと思われます。現に、頭がよくないとこういう表現はできません。この言葉に関しては、たとえば理想と現実の間で葛藤があるときに、「ヘーゲルがいっているように、理想は現実に、現実は理想にしなきゃならないね」などと使うといいでしょう。

名言4

ニーチェ

人間は、動物と超人のあいだにかけ渡された一本の綱である。

（『ツァラトゥストラ』より）

①言葉の意味

この言葉は、人間という存在が完璧なものではなく、超人を目指さなければならないとするものです。それを動物から発展して、人間を経て、その先に超人があると効果的に表現しています。ドイツの哲学者ニーチェによると、超人とは苦しみを受け入れて、強く生きることのできる理想の存在なのです。だからといって、それは決して遠い存在ではなく、誰もが目指すことができるものだといいます。

②頭がいいと感じるポイント

もともと『ツァラトゥストラ』というのは、哲学的フィクションです。ですから、すべての表現が物語のようになっています。哲学のような難解なものを、物語にして表現してしまうこの創作性こそが、頭のよさを感じさせるポイントです。しかも、「一本の綱」という喩えを用いることで、非常に印象深いものになっています。実際にニーチェは天才的な頭の持ち主でした。それゆえに終生悩み続けることになるのですが。

③人から頭がいいと思われる使い方

超人思想というのは、ニーチェの哲学の根本にあるものです。それは苦しみを避けるのではなく、力強く受け入れて、何度失敗しても「よし、もう一度」と立ち上がるための心構えです。したがって、苦しい状態が続くとき、「ニーチェもいっているように、超人になって苦しみを受け入れないと、乗り越えられないんだよ」というふうに使えばいいでしょう。

名言5

サルトル

実存は本質に先立つ

（『実存主義とは何か』より）

①言葉の意味

この言葉を理解するためには、まず実存が自分の存在を意味し、本質が運命を意味することを知っている必要があります。そうして見直してみると、自分の存在は運命に先立つというふうに読めるでしょう。つまり、自分の行動次第で運命は変えられる、自分の人生は自分で切り開いていけるということです。このような思想を実存主義といいます。

②頭がいいと感じるポイント

この言葉は、実存主義の哲学者フランスのサルトルによるものです。サルトルは、『実存主義とは何か』の中で、その思想の核心を象徴的に表現したのです。

ここでのポイントは、難解な表現を短く決めるという点にあります。ん？ と思わせる一見難解な言葉を、キャッチーにまとめる。これはすでに本書で述べてきたことですが、頭がよくないとできません。

③人から頭がいいと思われる使い方

サルトルは、哲学教授になるための試験を首席で合格したような人物ですから、頭がいいに決まっています。しかも彼の場合、それをまったく隠すことも謙遜することもなく、ストレートに表現しているわけです。そんなストレートな表現ですから、これはそのまま用いて、後で解説を加えたほうが効果的かもしれません。せっかく短くキメてくれていますので。たとえば、行き詰まっている人に対して、「サルトルがいっているように、実存が本質に先立つんだよ」などとアドバイスしてあげるといいでしょう。もちろん、しっかり解説できるように内容を理解しておく必要があることはいうまでもありません。

名言6

ボーヴォワール

人は女に生まれるのではない。女になるのだ。

（『第二の性』より）

①言葉の意味

この言葉は、女性の地位が生まれながらに決められているものではなく、社会において作られるものであることを指摘しています。つまり、社会で女性が不利になることは多々ありますが、それは決して本人の能力の問題ではなく、社会がそういうふうに仕向けているということです。たしかに、女性は女性らしくなどといって育てるから、女の子はおとなしく生きなければならないと刷り込まれるのかもしれません。

②頭がいいと感じるポイント

この言葉は、フェニミズムの思想家であり、またサルトルと公私を共にした実存主義者でもあるボーヴォワールが『第二の性』に書いた、とても有名なものです。この言葉が有名なのは、その思想内容の鋭さもさることながら、やはりこの表現自体がもつレトリックの部分に理由があるように思われます。女に生まれないという一見常識に反するようなことをいっておいて、そうではなくて女になるのだという説得的な見識を示す。このレトリックが、彼女の頭のよさを示すと同時に、読者を惹きつけてやまないのです。

③人から頭がいいと思われる使い方

この言葉は、女性の地位に関する不合理な差別が話題に上るごとに使えます。セクハラやマタハラ事件が起こったら、即こういうのです。「これはおかしいよね。ボーヴォワールがいうように、人は女に生まれるんじゃなくて、女になるんだから」と。あるいは、男にとって不合理なことがあれば、これをそのまま男に置き換えてもいいでしょう。

名言7

アラン

「うまく行ったからうれしいのではなく、自分がうれしいからうまく行ったのだ」といつも考えなければならない。

（『幸福論』より）

①言葉の意味

人はうまく行ったからうれしくなるのだと考えがちです。でも実は逆で、うれしいからうまく行くのだというわけです。アランは三大幸福論の一つである『幸福論』の著者です。もともとは彼のエッセーの中から、幸福に関するものをまとめたものです。この中で彼は、幸福になるためのエッセンスをとてもわかりやすい言葉で述べています。いずれも自称楽観主義者にふさわしく、ほんの心の持ちようによって幸福感を得ることのできるヒントが満載です。

②頭がいいと感じるポイント

アランのこの言葉が印象深いのは、やはり逆転の発想を用いているからでしょう。常識を疑い、意外な発想で同じことをいう。これは哲学の基本でもあります。常識を疑える人は、頭のいい人なのです。ただし、それが説得的である必要があります。アランのいっていることは、たしかに一理あります。スポーツや音楽などでよく聞きますが、気分が乗っているといい結果が出るようです。おそらくそれは人生も同じなのでしょう。人間の行動は感情に大きな影響を受けているのですから。

③人から頭がいいと思われる使い方

幸福に限っていえば、誰かが落ち込んでいるときにこの言葉をかけてあげるといいでしょう。「アランがいっているように、幸福だからうれしいんじゃなくて、うれしい気持ちになることではじめて幸福はやってくるんだ」と。これは単に「またいい日もあるさ」などと消極的で曖昧《あいまい》なアドバイスをするよりは、よほど頭がよさそうに聞こえるはずです。

名言8

ヒルティ

ささやかな喜びを誰かに与えることは、いつでも、どこでもできる、たとえそれがただ親しげな挨拶であったとしても。

（『幸福論』より）

①言葉の意味

これもアランと同じ三大幸福論の著者の一人、スイスの哲学者ヒルティの言葉です。この言葉は読んでもらえばわかると思いますが、私たちは、何も大げさなことをしなくても、ほんのささやかな喜びを与えるだけで人を幸福にすることができる。それは挨拶程度でもいいのですよという意味です。ヒルティはキリスト教の立場から幸福論を論じているため、このように幸福を与えることの意義を説くのです。

②頭がいいと感じるポイント

この言葉がインパクトを持つのは、最後の「たとえそれが親しげな挨拶であったとしても」という部分です。この但し書きのような補足が、前の文の内容をより際立たせる効果を生み出しているのです。ささやかなことでいいといわれると、読者ははっとするでしょう。気づきですね。そのはっとした気づきに、さらにたたみかけるように、究極にささやかな行動の例を補足しているのです。この部分に頭のよさを感じます。

③人から頭がいいと思われる使い方

この言葉は、誰かを幸福にしたいと思っている人に対して使えます。自分には何もできない、人を幸せにすることなんてできないなどと思っている人に向かっていってあげてください。「ヒルティもいっているように、ささやかな喜びならあげられるはずだよ。たとえそれが親しげな挨拶であってもね」と。きっと相手は感動するに違いありません。そうか、親しげな挨拶でいいんだと。実は、この言葉をかけてあげたあなたの行為自体が、この言葉の実践だといえます。

名言9
西田幾多郎

自己の意識状態を直下に経験したとき、未だ主もなく客もない、知識とその対象とが全く合一して居る。

（『善の研究』より）

①言葉の意味

この言葉は、自分の意識の中で何かを経験したとき、その最初の瞬間は、主体と客体が分かれておらず、自分と経験の対象が一体化しているということです。たとえば、いい音楽が聞こえてきたとしましょう。その音楽が耳に入ってきた瞬間というのは、まだ何が聞こえてきたのかという分析も始まっておらず、音楽を聴く自分と、その音楽が一体化しているともいえるわけです。

②頭がいいと感じるポイント

この言葉は日本を代表する哲学者で、京都学派の創設者でもある西田幾多郎《きたろう》によるものです。彼が『善の研究』の中で論じたこの主客未分の状態こそ、純粋経験と呼ばれるものです。たとえ理論上ではあっても、このような主体と客体の二項対立を解消するような発想に思い至った点に、頭のよさを感じざるを得ません。だからこそ、相当難解であるにもかかわらず、この言葉が印象に残るのです。

③人から頭がいいと思われる使い方

この言葉をそのまま使うと難解すぎるので、その趣旨をうまく伝えてあげるのがいいでしょう。たとえば、主体と客体の二項対立が問題になっているような場面において、「西田幾多郎がいっているように、主体と客体の二項対立を乗り越えることは可能だよ」と。純粋経験という言葉が使えればなおいいでしょう。考えてみれば、戦争も味方と敵、つまり主体と客体という二項対立の発想が生み出すものです。この言葉で世界の平和について語ることができれば、きっと頭がいい人だと思われるに違いありません。

名言10

九鬼周造

運命によって「諦め」を得た「媚態《びたい》」が「意気地」の自由に生きるのが「いき」である。

(『「いき」の構造』より)

①言葉の意味

ここでは、異性を目指して接近していくのだけれども、あくまで「可能的関係」を保つ二元的態度が「いき」だといっています。つまり、お互いにぎりぎりまで近づくものの、決して合一することなく、一定の距離を置いた関係ということです。そんな「いき」な生き方を自由な態度として肯定的に捉えているといえます。

②頭がいいと感じるポイント

この言葉は、日本の哲学者九鬼周造《くきしゅうぞう》が『「いき」の構造』の中で論じたものです。なんといっても頭のよさを感じるのは、この「いき」という言葉を発掘した部分です。もともと日本にあった「いきだねぇ」というときのこの「いき」という言葉を、日本独自の哲学用語として確立してしまうのだから、すごいとしかいいようがありません。

③人から頭がいいと思われる使い方

「いき」の概念が男女の関係を描写するものとして使われているので、ここでもそのような場面を想定すればいいと思います。たとえば、ふられて未練がましい態度をとっている人に対して、「九鬼周造がいっているように、いつまでもめそめそするより、すぱっと諦めたほうがいきだよ」というふうに。

自分自身もそんな「いき」な態度を実践できれば、頭がよく見えるだけでなく、逆にかっこいいともてるかもしれません。人は冷たくされると、気になるものですから。

あとがき　頭がよくなるためにはモチベーションを維持することが大事

七日間の講義と特別講義は終わりましたが、最後にあとがきに代えて、モチベーションについて少しお話ししておきたいと思います。というのも、頭がよくなるためには、勉強し続けることが大事だからです。そのためにはモチベーションの維持が不可欠になります。

実は、私もいまでこそ哲学者などと名乗り、たくさんの本を出し、テレビメディアなどでも偉そうに発言していますが、十年ほど前までは「ただのひとし」でした。といっても特命係長ではありません。本当にただの小川仁志だったのです。

つまり、哲学を始めるまでは、何をやっても中途半端。最初は威勢がいいのですが、どうも後が続きません。大学は運よく合格したものの、その後は失敗と挫《ざ》折《せっ》の連続です。それがここまで変わることができたのは、哲学のおかげだと思っています。

　哲学を学び始めると、いろいろな物の正体が気になってくるのです。しかもそれを暴く能力を日々磨いているわけですから、どうしても自分の実力を試してみたくなるのです。そうして好奇心がかきたてられると、もう止まらなくなってしまいました。次々とこの魔法を使いたくなってくるのです。

　そう、**哲学的思考は魔法だといっても過言ではないでしょう。何しろ他の人に見えない物事の本質が見えるのですから。**ここで私がいいたいのは、何かを長く続けるには「好奇心」を持つことが最善の方法だということです。

　好奇心さえ持つことができれば、モチベーションを維持することは可能です。では、どうすれば好奇心を持つことができるのか？　それは、飽《あ》きる前に何か一つ不思議な力を身につけてしまうことです。

　その意味で、本書でご紹介した七日間で頭がよくなる方法は、飽きる前に不思議な力を身につけることのできるいい例だと思います。この本で本質をつかむ力を身につけていただければ、私のようにいろいろなものの正体を知りたくなってくるはずです。

さあ皆さん、哲学という「魔法」を使って、ぜひ世の中を違った目で見てください。そしてこの困難な時代を頭のよさで生き抜いてください。

さて、文庫版『7日間で突然頭がよくなる本』を出版するに当たっては、多くの方々にお世話になりました。とりわけ編集をご担当いただいたPHP研究所文庫出版部の横田紀彦さんと北村淳子さんには、この場をお借りしてお礼を申し上げたいと思います。そして最後に、本書をお読みいただいたすべての方に感謝いたします。

二〇一五年十一月吉日

小川仁志

主な参考文献

プラトン『饗宴』久保勉訳、岩波書店
アリストテレス『ニコマコス倫理学』高田三郎訳、岩波書店
デカルト『方法序説』谷川多佳子訳、岩波書店
ジョン・ロック『人間知性論』大槻春彦訳、岩波書店
カント『純粋理性批判』篠田英雄訳、岩波書店
ヘーゲル『法の哲学』藤野渉・赤沢正敏訳、中央公論新社
マルティン・ハイデッガー『存在と時間』細谷貞雄訳、筑摩書房
クロード・レヴィ＝ストロース『野生の思考』大橋保夫訳、みすず書房
テオドール・W・アドルノ『否定弁証法』木田元ほか訳、作品社

著者紹介
小川仁志（おがわ・ひとし）
1970年、京都府生まれ。京都大学法学部卒、名古屋市立大学大学院博士後期課程修了。博士（人間文化）。哲学者・山口大学国際総合科学部准教授。徳山工業高等専門学校准教授、米プリンストン大学客員研究員などを歴任。
商社マン、フリーター、公務員を経た異色の哲学者。商店街で「哲学カフェ」を主宰するなど、市民のための哲学を実践している。専門は欧米の政治哲学。
『世界のエリートが学んでいる教養としての哲学』（ＰＨＰエディターズ・グループ）、『超訳「哲学用語」事典』（ＰＨＰ研究所）、『ポジティブ哲学！　三大幸福論で幸せになる』（清流出版）等、著書多数。

本文イラスト：宇田川由美子

この作品は、2012年12月にPHPエディターズ・グループから刊行された『7日間で突然頭がよくなる本』を、加筆・修正したものである。

PHP文庫　7日間で突然頭がよくなる本

2015年12月17日　第1版第1刷
2024年2月12日　第1版第8刷

著者　小川仁志
発行者　永田貴之
発行所　株式会社PHP研究所
東京本部　〒135-8137　江東区豊洲5-6-52
ビジネス・教養出版部　☎03-3520-9617(編集)
普及部　☎03-3520-9630(販売)
京都本部　〒601-8411　京都市南区西九条北ノ内町11

PHP INTERFACE　https://www.php.co.jp/

制作協力
組版　株式会社PHPエディターズ・グループ

印刷所
製本所　図書印刷株式会社

ISBN978-4-569-76468-9

PHPの本

眠れぬ夜のための哲学

小川仁志 著

身近な事柄を哲学的に考えてみると、新しい世界が見えてくる。その日の悩みがみるみる消える、哲学的思考法。

PHPの本

〈図解〉7日間で突然頭がよくなる本

小川仁志 著

10万部突破のベストセラーが図解版で登場！「頭がよくなる秘訣」と「テクニック」を図解化しながらわかりやすく読者に伝授します。

PHPの本

[小川式]突然英語がペラペラになる勉強法

小川仁志 著

本書は、英語がペラペラになれる一冊。まるで語学留学したかのように英語に強くなる「秘訣」と「テクニック」を読者に伝授します。

PHPの本

世界のエリートが学んでいる教養としての哲学

小川仁志 著

世界のビジネスで哲学の知識は必須。本書は哲学を「ビジネスのためのツール」として紹介。効率的に教養としての「哲学」を身につけよ！

PHPの本

覚えるだけの勉強をやめれば劇的に頭がよくなる

大人のアウトプット勉強法

小川仁志　著

大学受験、商社就職試験、公務員試験、大学院受験など、あらゆる分野の難関を突破してきた著者が教える一生使える哲学的勉強法！

PHPの本

もてるための哲学

小川仁志 著

異性にはもちろん家族や職場の人たちにもてるには、どう生きるのがよいのか、賢人たちの知恵を借りて教養も深める充実した一冊。

PHP文庫

すっきりわかる！

超訳「哲学用語」事典

小川仁志　著

弁証法、メタファー、パラダイム……何となく知っているけれど正確な意味はわからない。そんな哲学語150を世界一わかりやすく解説！

PHP文庫

すっきりわかる！

超解「哲学名著」事典

小川仁志 著

書名を見たことはあるけど、「どんな内容なの？」と聞かれるとちゃんと答えられない。そんな哲学名著を超わかりやすく解題（＝超解）！

PHP文庫

自分のアタマで「深く考える」技術

小川仁志 著

「絶対的な正解なき不透明な時代」を明るく生き抜くための思考ノウハウを、人気哲学者が伝授。自分の頭で深く考えるためのヒント。